Dr. Peter Nowotny

Berg- und Wandertouren im Allgäu

Urige Alphütten – Rundwanderungen – Schöne Gipfel

Vorwort

Dr. Peter Nowotny, Rettenberg

Liebe Berg- und Wanderfreunde!

Das Allgäu ist eine der schönsten Urlaubslandschaften Deutschlands. „Wer kennt die Gipfel, nennt die Namen ..." so ist man geneigt auszurufen, wenn man auf einem der vielen Aussichtspunkte steht und in die Runde der Allgäuer Alpen sieht. Der Blick gleitet über Gipfel, Täler, Alpweiden, Seen und Wälder. Und die Sehnsucht wächst, weitere Ziele zu finden, zu wandern oder auch anspruchsvollere Bergtouren zu machen.

Der vorliegende Führer trägt nicht nur unterschiedlichen Zielen Rechnung, sondern auch **verschiedenen Schwierigkeitsgraden.** Diese reichen von „leicht" für Wanderungen zu schönen und bewirtschafteten Alphütten bis hin zu „anspruchsvoll" für einzelne Bergtouren und den berühmten „Hindelanger Klettersteig", der nur dem trittsicheren, schwindelfreien und berggewohnten Geher vorbehalten ist. Aber wer ihn meistert, wird noch lange von ihm schwärmen!

Im Führer finden sich **drei Kapitel.** Am einfachsten sind die **Wanderungen** zu den beschriebenen Alphütten, die keine besonderen Bergkenntnisse erfordern und zu denen man auch Kinder mitnehmen kann. Man wird am Ziel stets einkehren können, so dass man keine Brotzeit mitnehmen muss. Aber beachten Sie bitte: Alphütten sind nur in der Zeit von etwa Mitte Juni bis Mitte/Ende September bewirtschaftet! Außerhalb dieses Zeitraumes sollte man immer Erkundigungen über die Anwesenheit der Bewirtschafter einholen. Dazu sind im allgemeinen Teil Telefonnummern angegeben.

Das zweite Kapitel umfasst **Bergtouren,** die natürlich höhere Ansprüche an Kondition, Trittsicherheit und Ausrüstung stellen. Der einzelnen Bergtour ist auch hier ein allgemeiner Teil vorausgesetzt, aus dem man die Schwierigkeit entnehmen kann. Für absolut Fortgeschrittene ist der „Hindelanger Klettersteig" aufgenommen worden, der Erfahrung, Können und Ausdauer erfordert, und den man nur mit einer entsprechenden Ausrüstung, wie Helm und Seilsicherung begehen sollte. Bergtouren sind zu allen Zeiten **nicht ungefährliche** Unternehmungen, man denke an Steinschlag oder Absturzgefahr, daher müssen sie ernst genommen werden. Leichtsinn hat hier nichts zu suchen.

Im dritten Kapitel werden **Rundwanderungen** beschrieben, die von einem Parkplatz ausgehen und auch dort wieder enden. Auf diese Weise braucht man sich nicht um die Rückkehr zum Auto zu sorgen. Diese Touren sind teilweise einfach, teilweise aber auch anspruchsvoll, wobei Ausdauer, Trittsicherheit und eine entsprechende Ausrüstung erforderlich sind. Dem allgemeinen Teil vor jeder Tourenbeschreibung sind Einzelheiten zu entnehmen.

Die angegebenen Routen sind auf Kartenausschnitten eingezeichnet. Dennoch wird die Mitnahme einer **Wanderkarte,** Maßstab etwa 1:25 000 bis 1:35 000, z.B. aus der Reihe der Zumstein-Wanderkarten" des AVA Verlages empfohlen.

Alle **Wanderzeiten** sind aus eigener Erfahrung festgehalten worden. Sie sind allerdings nur als ungefähr zu sehen, da das individuelle Tempo bei einer Tour sehr stark schwanken kann. Vor allem werden Pausen unterschiedlich lang ausfallen.

Bei der **Ausrüstung** ist auf jeden Fall großer Wert auf entsprechende Berg- oder Wanderschuhe zu legen, deren Profilsohlen Sicherheit und bequemes Laufen ermöglichen. Kleidung und Verpflegung, vor allem genügend Getränke, sind den Touren anzupassen, wobei auch beim schönsten Wetter am Morgen noch eine Reserve für einen Wetterumschlag im Rucksack dabei sein sollte.

Sie werden verstehen, dass Verlag und Autor **keine Haftung** übernehmen können, wenn unterwegs etwas auf einer der beschriebenen Touren passieren sollte. Die Touren sind nur Vorschläge, sie zu unternehmen fällt in den eigenen Verantwortungsbereich des Wanderers und Bergsteigers.

Autor und AVA Verlag wünschen Ihnen nun ein fröhliches, unfallfreies Wandern und Bergsteigen!

Dr. Peter Nowotny, Rettenberg

Inhalts-verzeichnis

Tour 1

Alpe Beichelstein

Ausgangspunkte:
Unterlangegg an der Straße zwischen Seeg und Rieden, etwas abseits des Verkehrs. Von hier Zufahrt mit PKW erlaubt, zu Fuß etwa 30 Minuten Gehzeit.

Anschlußwanderungen:

- Über Goimenen (westlich) nach Brandstatt weiter über Roßfallen bis zur Straßengabelung bei Punkt 823 m, hier östlich abbiegen Richtung Senkelekopf und über Senkele zurück zur Alpe (etwa 2 1/2 Std.).

- Über Senkele und Oberlangegg zurück zur Alpe (ca. 1 Stunde).

- Über den Senkelekopf (1047 m) und Schnarren nach Seeg (1 1/2 bis 2 Stunden).

- Übergang zum Hopfensee über Unterlangegg, den Punkt 861 m und Hopferwald (ca. 5 bis 6 km).

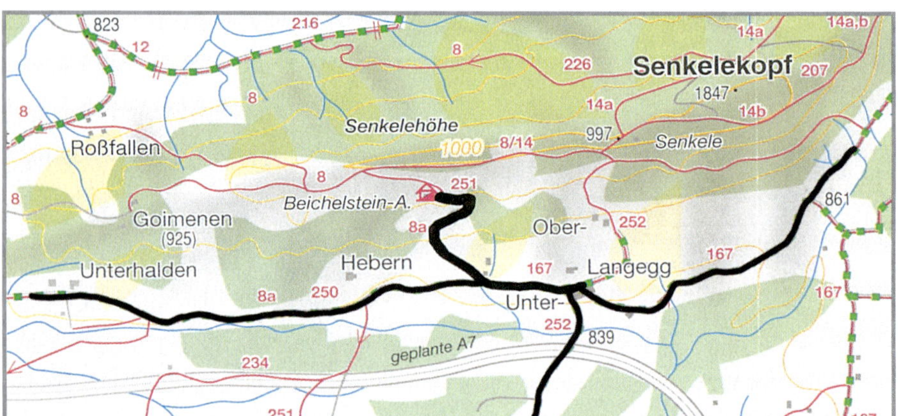

Ein beliebtes Wanderziel im Ostallgäu, die Alpe Beichelstein.

Lage der Alpe	Zwischen Hopferau und Seeg, Ostallgäu
Höhe	950 m
Nutzung	Galtalpe
Verpflegung	Brotzeit, Getränke, kleine warme Küche, Kaffee, Kuchen
Bewirtschaftet	Ganzjährig, 1. bis 24.12. geschlossen, Do Ruhetag
Telefon	08364 / 397
Sonstiges	Einfach zu erreichende Alpe im Voralpengebiet, Fahrweg bis zur Hütte. Sehr schöne Aussicht über das Ostallgäu!
Wander-Karte	Zumsteinkarte Nr. 2 – Nesselwang, Maßstab 1:30 000 AVA Verlag, Porschestraße 2, 87437 Kempten

Tour 2

Alpe Breitengehren

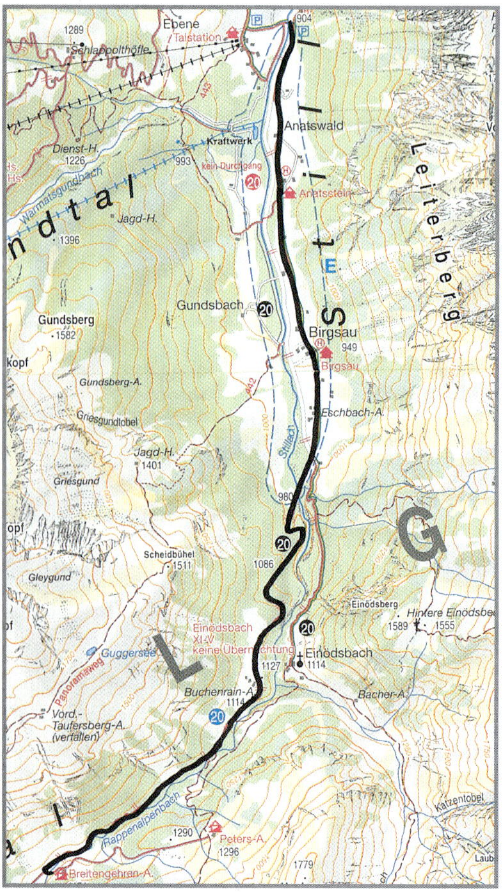

Ausgangspunkte:

Oberstdorf, Parkplatz an der Fellhornbahn. Von hier aus über Birgsau in Richtung Einödsbach, dann rechts abbiegen (markiert) und man gelangt auf dem gut ausgebauten Alpweg zum Ziel (ca. 1 1/2 bis 2 Stunden).

Anschlußwanderungen:

- Über Petersälpele (1296 m) und Enzianhütte (1780 m) zur Rappenseehütte (2091 m), Dauer etwa 2 1/2 Stunden. Von hier aus kann man zum Beispiel den Heilbronner Weg machen. (Lange Tagestour, durch hochalpines Gelände!)

- Wanderung durch den Schluß des Rappenalpentales bis hinauf zum Schrofenpaß (1688 m), etwa 1 1/2 bis 2 Stunden.

- Aufstieg zur Mindelheimer Hütte. Zunächst noch etwa 2 1/2 km südlich, bei markierter Abzweigung dann Aufstieg westlich über die Untere Angererhütte zur Mindelhei-

mer Hütte (2058 m). Gehzeit etwa 2 1/2 Stunden.

• Zur Vorderen Taufersbergalpe (1727 m). Die Abzweigung befindet sich 500 m südlich rechts, also westlich hinauf. Schöne Aussicht. Dauer etwa 1 1/2 Stunden.

Lage der Alpe	Im Rappenalpental südlich Birgsau
Höhe	1150 m
Nutzung	Sennalpe (Kühe)
Verpflegung	Brotzeit und Getränke, eigener Käse und Schinken, Milch und Butter
Bewirtschaftet	10. Juni bis 15. Oktober
Sonstiges	Die Alpe ist einfach über einen geteerten Alpweg zu erreichen und Ausgangs- oder Endpunkt verschiedener Wanderungen.
Wander-Karte	Zumsteinkarte Nr. 4 – Oberstdorf, Maßstab 1:30 000 AVA Verlag, Porschestraße 2, 87437 Kempten

Buchelalpe

Ausgangspunkte:

• Ab dem Parkplatz in Obergschwend geht es über einen teilweise asphaltierten Waldweg hinauf bis zur Hütte in etwa 45 Minuten.

• Alternativ kann man von der Alpe Schnitzlertal nördlich des Wertacher Horngipfels auf einem Wanderweg über Alpweiden in etwa 1 1/2 Std. zur Hütte gehen.

Anschlußwanderungen:

• Zum Gipfel des Wertacher Hörnles (1685 m) beträgt die Gehzeit ca. 1 1/2 Std.

• Auf den Spieser (1649 m) geht es über die Brentenalpe und weiter auf dem gut beschilderten Oberallgäuer Rundwanderweg in ca. 2 Stunden hinauf bis zum Gipfel.

• Zur Pfeiffermühle auf dem sogenannten Starzlachberg Weg in ca. 2 Stunden.

• Mit dem Mountainbike zum Königssträßchen und über die Schnitzlertal Alpe in ca. 1 Stunde.

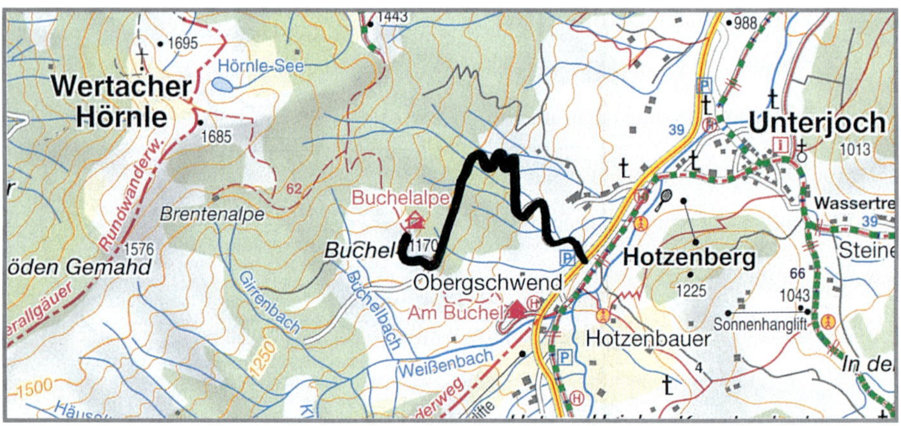

Die herrlich gelegene Alpe Buchel liegt zwischen Unter- und Oberjoch.

Lage der Alpe	Auf der Südseite des Wertacher Hörnles, nördlich von Obergschwend
Höhe	1290 m
Nutzung	Jungviehalpe
Verpflegung	Deftige Suppen, Brotzeiten, Getränke, selbstgemachte Kuchen; Spezialität: Hefezopf aus dem Holzherd
Bewirtschaftet	Anfang Mai bis Ende Oktober, Ruhetag: Montag – außer Juni – Mitte September
Telefon	0171 / 452800
Sonstiges	Ideal für Familien (Kinderwagengeeignet); Fahrweg bis Hütte (gesperrt für PKW), Alpenrosenblüte im Juni
Wander-Karte	Zumsteinkarte Nr. 3 – Hindelang, Maßstab 1:35 000 AVA Verlag, Porschestraße 2, 87437 Kempten

Tour 4

Alpe Dietersbach

Ausgangspunkte:
Gerstruben (1154 m) südlich von Oberstdorf, ab hier ca. 1 Stunde bis zur Hütte.

Anschlußwanderungen:

• Über den Älpelesattel (1780 m) in das Oytal und über die Käseralpe (1400 m) hinab zum Oytalhaus (1009 m) und weiter nach Oberstdorf, in ca. 3 bis 4 Stunden.

• Auf den Älpelesattel und weiter zum Rauheck (2384 m). Nur für Geübte! Gehzeit etwa 3 Stunden.

Gegebenenfalls von dort weiter über das Kreuzeck (2375 m) zum Fürschießersattel (2207 m). Abstieg nach Spielmannsau (983 m) und weiter nach Oberstdorf. Ab Rauheck benötigt man nochmals 3 bis 4 Stunden.

Nur für Geübte, große Ausdauer erforderlich!

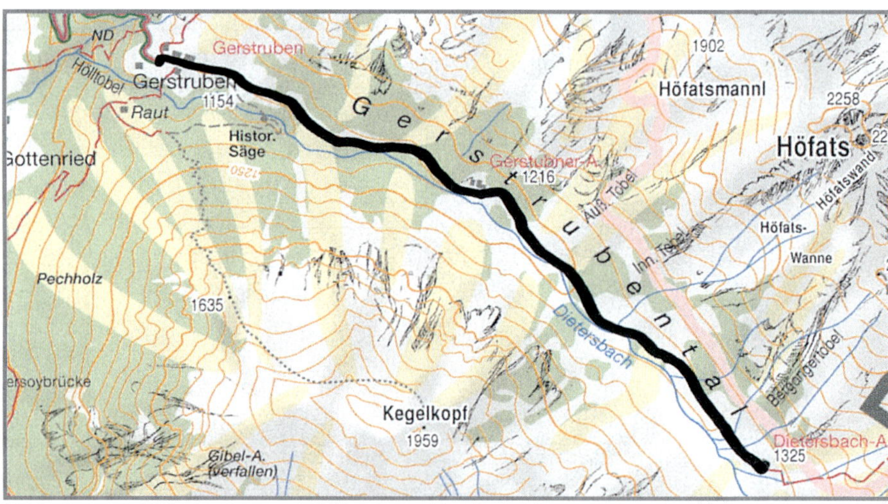

Im neuen Glanz erstrahlt die Alpe Dietersbach.

Lage der Alpe	Südwestlich unterhalb der Höfats
Höhe	1325 m
Nutzung	Jungviehalpe mit Hirtenkühen
Verpflegung	Brotzeit und Getränke, eigen gefertigter Quark mit Früchten, Kuchen
Bewirtschaftet	Mai bis Oktober
Sonstiges	Bis zur Hütte ist das Radfahren erlaubt (Naturschutzgebiet), der Weg von Gerstruben ist gut begehbar, keine große Steigung.
Wander-Karte	Zumsteinkarte Nr. 4 – Oberstdorf, Maßstab 1:30 000 AVA Verlag, Porschestraße 2, 87437 Kempten

Tour 5

Alpe Dinjörgen

Ausgangspunkte:

- Rohrmoos: Hier nördlich ansteigend in etwa 1 1/2 Stunden zum Ziel.
- Riedbergpaßhöhe: Nach der Paßhöhe geht es westlich um den Besler herum in ca. 1 1/2 Stunden.

Anschlußwanderungen:

- Durch das Gutswiesertal zum Hirschsprung (ca. 2 bis 2 1/2 Stunden).
- Auf den Gipfel des Besler in etwa 1 1/4 Stunden.
- Auf den Piesenkopf (1629 m) über den neuen Alpweg in etwa 2 Stunden.
- Über den Besler u. die Obere Gundalpe auf dem sog. „Königsweg" zurück nach Obermaiselstein (etwa 3 Std).

Alpe Dinjörgen im Gutswiesertal.

Lage der Alpe	Im Gutswiesertal (auch Lochbachtal) südlich des Besler
Höhe	1250 m
Nutzung	Jungviehalpe
Verpflegung	Brotzeit und Getränke, eigene Milchprodukte
Sonstiges	Die Hütte ist leicht zu erreichen.
Wander-Karte	Zumsteinkarte Nr. 4 – Oberstdorf, Maßstab 1:30 000 AVA Verlag, Porschestraße 2, 87437 Kempten

Alpe Engeratsgund

Ausgangspunkte:
Hinterstein: Von hier entweder zu Fuß über das für den allgemeinen Verkehr gesperrte Sträßchen zum Giebelhaus (ca. 2 Std.), oder mit einem ab Hinterstein – „Grüner Hut" verkehrenden Bus. Vom Giebelhaus in etwa 20 Minuten zur Alpe.

Anschlußwanderungen:
• Weiter das Obertal einwärts und über die Wengenalpe zur Nebelhornbahn Bergstation. Zum Teil steiler Anstieg, ca. 2 bis 2 1/2 Stunden.

• Nördlich ansteigend über die Käseralpe zum Engeratsgundsee (1900 m) in etwa 1 1/2 bis 2 Stunden, Übergang durch das „Törl" und Abstieg über die Niggen- und Möslealpen nach Hinterstein (ab Alpe Halbtagestour!)

• Oder vom Engeratsgundsee hinauf auf den Großen Daumen (2280 m), nochmals ca. 1 bis 1 1/2 Stunden. Großartige Aussicht auf das Illertal und die ganze Bergwelt! Weiterweg even-

tuell zur Nebelhornbahn über das sogenannte „Koblat" in etwa 1 1/2 bis 2 Stunden.

• Wanderung zur Schwarzenberghütte und Abstieg zur Ostrach, Nähe Hubertuskapelle (ca. 1 1/2 Stunden).

Lage der Alpe	Westlich des Giebelhauses im Obertal
Höhe	1160 m
Nutzung	Mischalpe (Kühe und Jungvieh)
Verpflegung	Brotzeit und Getränke
Bewirtschaftet	Anfang Juni bis Anfang Oktober
Telefon	08324 / 94226
Sonstiges	Sehr leicht zu erreichen.
Wander-Karte	Zumsteinkarte Nr. 3 – Hindelang, Maßstab 1:35 000 AVA Verlag, Porschestraße 2, 87437 Kempten

Tour 7

Alpe Gerstenbrändle

Ausgangspunkte:
Gunzesrieder Säge (900 m), Parkplatz. Von hier auf dem Weg ins Aubachtal in 15 Minuten erreichbar.

Anschlußwanderungen:
• Über die Gunzesrieder Säge nach Wiesach, weiter zur Ornach Alpe und über Schönebuch zurück, ca. 2 Stunden.

• Zur Alpe Vorsäß 1 Stunde und über den Stubenbachalpweg zur Alpe Mittelberg (1248 m) und Abstieg nach Gunzesried Säge. Dauer ca. 2 1/2 bis 3 Stunden.

• Durch das Aubachtal zur Alpe Scheidwang (1317 m), etwa 2 Stunden.

Hier kehrt man gerne ein. Die Alpe Gerstenbrändle im Gunzesrieder Tal.

Lage der Alpe	Am westlichen Ortsausgang der Gunzesrieder Säge
Höhe	950 m
Nutzung	Sennalpe
Verpflegung	Brotzeit und Getränke, eigene Milchprodukte
Bewirtschaftet	Mitte Mai bis Mitte Oktober
Telefon	08321 / 89871
Sonstiges	Sehr leicht zu erreichen, auch bei schlechtem Wetter ein Ausflugsziel, interessanter Käsekeller, Besichtigung mit Erklärungen.
Wander-Karte	Zumsteinkarte Nr. 6 – Immenstadt, Maßstab 1:30 000 AVA Verlag, Porschestraße 2, 87437 Kempten

Tour 8

Alpe Gschwenderberg

Ausgangspunkte:

• Weiler Gschwend bei Bühl am Alpsee. Parkplatz vor dem Ort rechts, dann auf markiertem Weg in ca. 45 Minuten zur Hütte. Unterwegs schöner Blick auf den Alpsee.

• Von Immenstadt durch das Steigbachtal zum Kemptner Naturfreundehaus und Abstieg über das Gschwender Horn zur Alpe. Etwa 3 Stunden.

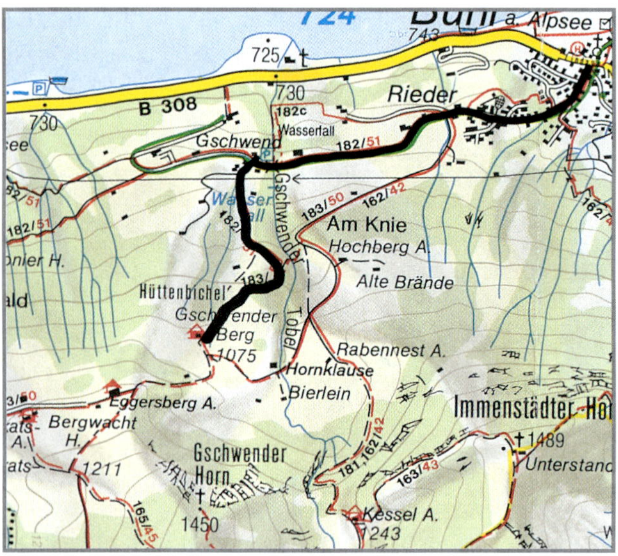

Anschlußwanderungen:

• Von der Alpe westlich über die Alpe Starkatsgund zur Alpe Bärenfalle und Abfahrt mit der Sesselbahn nach Ratholz. Etwa –1 1/2 Stunden.

• Oder von der Bärenfalle westlich weiter über Alpen Schwingund und Sämmelalpe hinunter nach Konstanzer. Etwa 1 1/2 Stunden, ab Gschwenderberg 2 bis 2 1/2 Stunden.

• Über die Alpe Rabennest zur Kesselalpe und weiter aufs Immenstädter Horn (1489 m), Abstieg über die Kanzel nach Immenstadt (hier Wildschutzgebiet: Betretungsverbot von 1.11. bis 15.5.), insges. ca. 2 1/2 Stunden.

• Über das Kemptner Naturfreundehaus zum Stuiben (1749 m), etwa 2 1/2 bis 3 Stunden.

Die von Gustel und Lydia Pinn restaurierte und prämierte Alpe Gschwenderberg.

Lage der Alpe	Nordhang des Gschwender Horns westl. von Immenstadt
Höhe	1075 m
Nutzung	Jungviehalpe
Verpflegung	Brotzeit und Getränke, Bergkäse, Hüttenkäse mit Preiselbeeren
Bewirtschaftet	Juni bis Ende September
Telefon	08323 / 4876
Sonstiges	Urige Hütte, im alten Stil restauriert, dafür viele Preise erhalten, sehr schöne Lage.
Wander-Karte	Zumsteinkarte Nr. 6 – Immenstadt, Maßstab 1:30 000 AVA Verlag, Porschestraße 2, 87437 Kempten

Tour 9

Hirschalpe

Ausgangspunkte:

• Oberjoch (1136 m). Am Alpenhotel vorbei auf einem markierten Weg westlich ansteigend bis Alpsträßchen, in ca. 1 1/2 Stunden bis zur Alpe.

• Jochstraße in Höhe der 1000-m-Marke. Hier gibt es einen kleinen Parkplatz, von dem aus das geteerte Alpsträßchen in 1 1/2 Stunden zur Hirschalpe führt.

• Von Hindelang durch den Hirschbachtobel in 2 bis 3 Stunden bis zur Hütte.

Anschlußwanderungen:

• Von der Hirschalpe zum Gipfel des Spießer (1649 m) in ca. 1/2 Stunde.

• Zum Gipfel des Hirschberges (1643 m) oder des Jochschrofens (1625 m) oberhalb von Oberjoch in etwa jeweils 1 bis 1 1/4 Stunden.

• Zum Wertacher Hörnle (1695 m) in einer schönen Wanderung entlang von Hochmooren in 2 Stunden.

• Zum kleinen Hirschberg (1456 m) mit großer Aussicht auf das Ostrachtal in 1 Std., von dort Abstieg nach Hindelang in ca. 1 Std.

Die Hirschalpe oberhalb von Oberjoch.

Lage der Alpe	Auf der Südseite des Spiesers bei Oberjoch
Höhe	1493 m
Nutzung	Jungviehalpe
Verpflegung	Warme Speisen, Brotzeit und Getränke. Bekannt ist der Kaiserschmarren!
Bewirtschaftet	Ganzjährig mit Ausnahme von Mitte November bis Weihnachten
Telefon	0175 / 2078961
Sonstiges	Großartige Aussicht nach Süden und Westen, leicht zu erreichen.
Wander-Karte	Zumsteinkarte Nr 3 – Hindelang, Maßstab 1:35 000 AVA Verlag, Porschestraße 2, 87437 Kempten

Tour 10

Höflealpe

Ausgangspunkte:

Vom Parkplatz am Gelbhansekopflift in Balderschwang sind es 15 Minuten, im Sommer kann man aber auch bis zur Hütte fahren.

Anschlußwanderungen:

• Über die Alpe Lappach zur Bodenseehütte und weiter auf den Gelbhansekopf (1487 m). Wanderzeit ca. 2 Stunden.

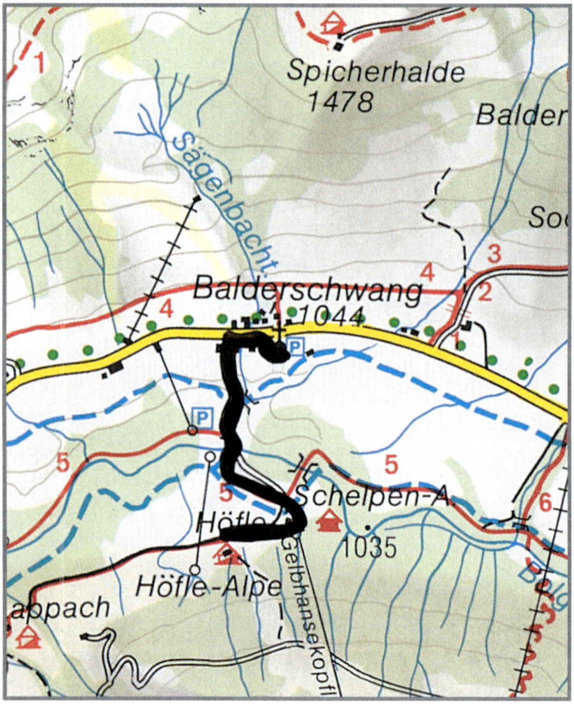

• Über die Güntlealpe zur Burgl Hütte (1428 m), Gehzeit 2 bis 2 1/2 Stunden.

• Ab der Burgl Hütte noch etwa 1 Std. auf den Feuerstätterkopf (1645 m).

• Rundwanderung ab Höflealpe über die Lappachalpe, nördlich über die Bolgenach nach Balderschwang, Gehzeit etwa 1 Stunde.

• Auf dem Salamoos Weg zur Köpflealpe (1274 m) und Abstieg über die Lenzenalpe bis Balderschwang Schwabenhof, Rückkehr an der Bolgenach zum Parkplatz beim Gelbhansekopflift. Etwas Ausdauer wird vom Wanderer verlangt! Wanderzeit etwa 3 bis 3 1/2 Std.

Auch auf der Höflealpe wird Bergkäse hergestellt.

Lage der Alpe	Nordseite des Gelbhansekopfes, Balderschwang
Höhe	1070 m
Nutzung	Sennalpe
Verpflegung	Im Winter warmes Essen, im Sommer Brotzeit und Getränke. Aus eigener Produktion: Bergkäse, Butter, Speck und Milch
Bewirtschaftet	Ende November bis Ostern; im Sommer auf Nachfrage
Telefon	08328 / 321
Sonstiges	Mehrfach prämierter Bergkäse!
Wander-Karte	Zumsteinkarte Nr. 4 – Oberstdorf, Maßstab 1:30 000 AVA Verlag, Porschestraße 2, 87437 Kempten

Tour 11

Alpe Jägerhütte

Ausgangspunkte:

• Hohenschwangau bei Füssen. Von hier entweder mit einem Kleinbus zur Bleckenau und auf einer Alpstraße in ca. 1 bis 1 1/4 Stunden zur Alpe (oder zu Fuß ab Hohenschwangau auf dem Brunnenstubenweg in ca. 1 1/2 Stunden zur Bleckenau).

• Vom Zollhaus bzw. Gasthof Ammerwald über einen Steig in ca. 1 1/2 Stunden.

Anschlußwanderungen:

• Bergtour auf die Hochplatte (2978 m) über das Ochsenängerle in 2 bis 2 1/2 Stunden.

• Übergang zum Tegelberghaus mit Talfahrtmöglichkeit mit der Tegelberg-Gondelbahn. Über das Ochsenängerle hinauf zum Branderfleck (1621 m) und zur Bergstation. Weg markiert (ca. 2 1/2 Stunden).

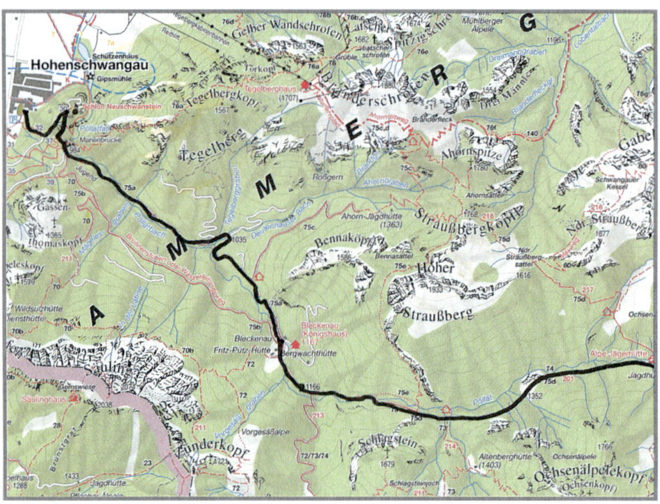

• Über den Schützensteig Abstieg zum Gasthof Ammerwald an der Straße Reutte-Linderhof (ca. 1 bis 1 1/4 Std.).

• Weitere Bergtouren zur Krähe (2011 m), Niederen (1616 m) bzw. Hohen Straußberg (1938 m) und einige andere sind möglich.

Die Jägerhütte südlich des Straußbergs im Ostallgäu gelegen.

Lage der Alpe	Südlich des Niederen Straußberges, Gde. Schwangau, Ostallgäu
Höhe	1422 m
Nutzung	Jungviehalpe
Verpflegung	Brotzeit und Getränke
Bewirtschaftet	Juni bis September
Telefon	Nein, ggf. 08362 / 8465 (Alpmeister)
Sonstiges	Die Alpe liegt in einem schönen Wandergebiet und ist auf einem guten Weg zu erreichen. Längere Wanderzeit einplanen!
Wander-Karte	Zumsteinkarte Nr. 1 – Füssen, Maßstab 1:30 000 AVA Verlag, Porschestraße 2, 87437 Kempten

Tour 12

Alpe Kammeregg

Ausgangspunkte:

• Vom Parkplatz unterhalb der Alpe in etwa 10 Minuten leicht zu erreichen. Zum Parkplatz kommt man nach beschilderter Auffahrt etwa 2 km östlich von Rettenberg. Achtung: Man muß zwischen den Gebäuden des Steinbruchs Pelz-Halblaub hindurchfahren.

• Von Rettenberg zu Fuß auf markiertem Steig östlich des Friedhofs durch den Hasengarten, über Weiden und durch den Wald zur Hütte. Gehzeit ca. 1 1/4 Stunden.

Anschlußwanderungen:

• Weiterwanderung zum Grüntengipfel (1738 m) in etwa 1 1/2 Stunden.

• Auf dem Weg zur Grüntenalpe (1477 m), ca. 1 Stunde.

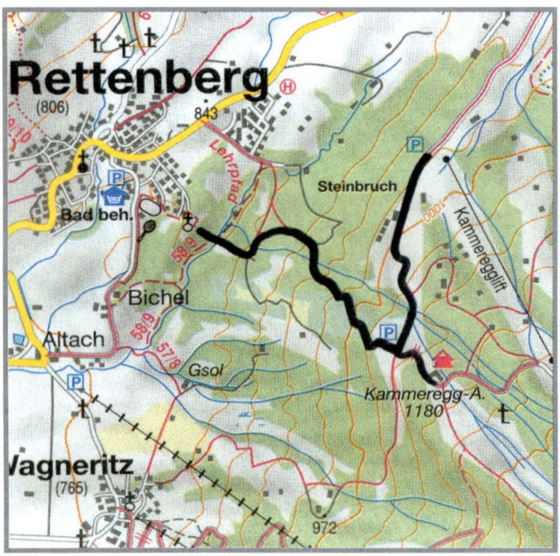

• Zur Alpe Kalkhöf – Abstieg nach Wagneritz, 2 Stunden.

• Über den Grünten Abstieg nach Burgberg, ca. 3 Stunden.

• Oberhalb von Kammeregg führt ein Pfad vom Alpweg zur Grüntenhütte auf halber Höhe nach Kranzegg. Er erreicht kurz davor den „Lustigen Wanderweg". Gehzeit etwa 1 1/2 Stunden.

• Unterhalb von Kammeregg kann man über einen Pfad direkt nach Wagneritz absteigen. Etwa 60 bis 70 Minuten.

Panoramablick von der Alpe Kammeregg oberhalb von Kranzegg.

Lage der Alpe	Auf der Nordseite des Grüntens, Rettenberg
Höhe	1200 m
Nutzung	Jungviehalpe, zusammen bewirtschaftet mit der Grüntenalpe
Verpflegung	Warme Gerichte, Brotzeiten, Getränke aller Art
Besonderheiten	Käs'spatzenessen auf Vorbestellung, selbstgebackene Kuchen, im Sommer Milch und Butter aus eigener Herstellung
Übernachtung	2 Matratzenlager für insg. 26 Personen
Bewirtschaftet	Ganzjährig, Montag ab 17 Uhr geschlossen, im Sommer Wandergebiet, im Winter Skiegebiet, Kinderspielplatz und Kleintiere vorhanden
Telefon	08327 / 1049
Sonstiges	Anfahrt auf Alpstraße bis 200 m unterhalb der Hütte möglich. Beschilderte Abfahrt von der Straße Rettenberg – Kranzegg. Gut geeignet für Gruppenausflüge etc. bis 40 Personen.
Wander-Karte	Zumsteinkarte Nr. 6 – Immenstadt, Maßstab 1:30 000 AVA Verlag, Porschestraße 2, 87437 Kempten

Kappeler Alpe

Ausgangspunkte:

• Ab Nesselwang. Von hier aus geht es mit der Alpspitzbahn zur Bergstation hinauf und von dort über das Bergheim Böck zur Alpe (Gehzeit 1/2 Stunde).

• Von Pfronten-Kappl aus nimmt man den neuen, allgemein für Fahrzeuge gesperrten Alpweg und gelangt in etwa 1 1/2 bis 2 Stunden zur Hütte.

Anschlußwanderungen:

• Über Maria Trost nach Nesselwang (Dauer 1 bis 1 1/2 Stunden).

• Über den „Wiesenweg" nach Kappl zurück (Dauer etwa 1 bis 1 1/4 Stunden).

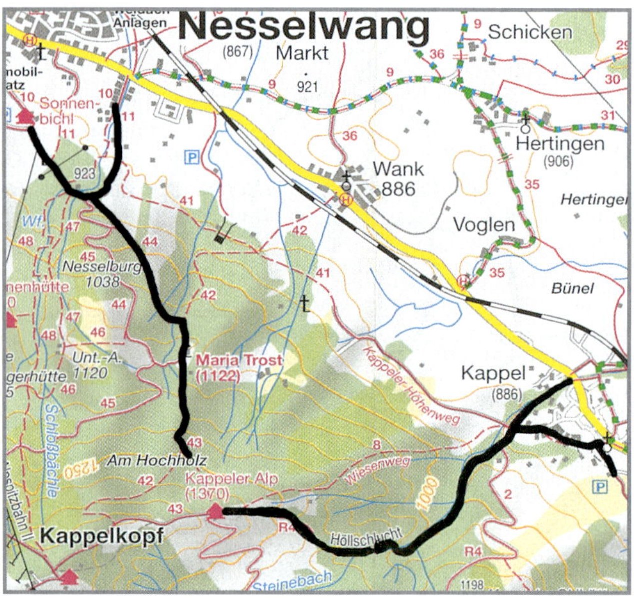

• Über den Steinbach und die sogenannte Höllschlucht nach Pfronten-Kappl zurück (Dauer ca. 1 1/4 bis 1 1/2 Stunden).

• Auf die Alpspitze (1575 m) in etwa 1 Stunde.

• Über die Fichtelhütte und Schwandenbichel hinunter nach Pfronten-Röfleuten (ca. 3 Stunden Gehzeit).

Von der Kappeler Alpe aus hat man einen herrlichen Blick ins Ostallgäu.

Lage der Alpe	Südwestl. Kappl, Gde. Pfronten, Ostallgäu
Höhe	1340 m
Nutzung	Jungviehalpe
Verpflegung	Voll bewirtschaftet
Bewirtschaftet	Ganzjährig, Ende November 3 Wochen geschlossen, im Winter an Wochenenden geöffnet
Telefon	08361 / 3253
Sonstiges	Es führt von Kappl ein für allg. Kfz-Verkehr gesperrter Alpweg bis zur Hütte. Schöne Aussicht ins Füssener Land.
Wander-Karte	Zumsteinkarte Nr. 2p – Pfronten, Maßstab 1:30 000 AVA Verlag, Porschestraße 2, 87437 Kempten

Tour 14

Alpe Mittelberg

Ausgangspunkte:

• Von Immenstadt durch das Steigbachtal (Straße ist für allgemeinen Verkehr gesperrt) in etwa 2 Stunden zur Hütte.

• Vom Parkplatz Hochgratbahn durch das Ehrenschwangertal (teilweise auch Weißachtal genannt) in etwa 2 1/2 bis 3 Stunden bis zur Alpe Mittelberg.

Anschlußwanderungen:

• Zum Stuiben (1749 m) in 1 1/4 Stunden weiter über den Steineberg und Mittag (Sesselbahn) nach Immenstadt nochmals 2 bis 3 Stunden.

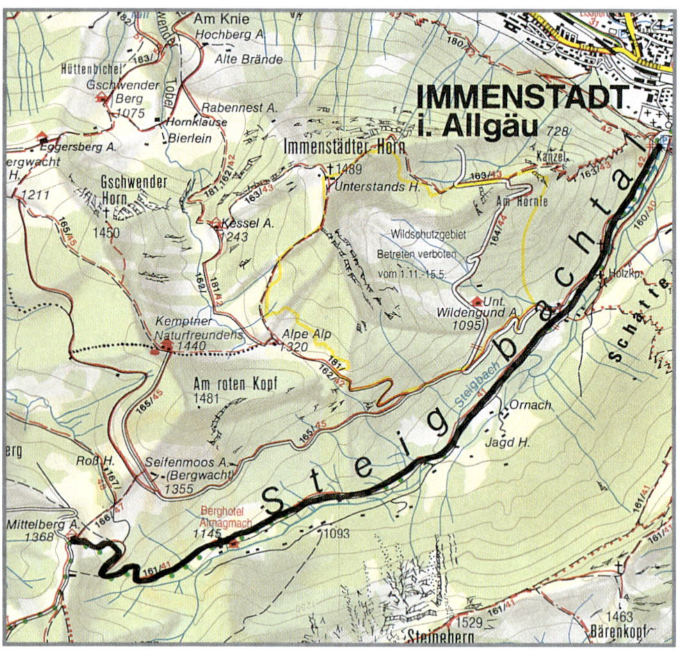

• Über Seifenmoos zum Kemptner Naturfreundehaus und Abstieg über die Alpen Kessel und Rabennest nach Bühl am Alpsee. Gehzeit etwa 2 Stunden.

• Über die Roßhütte, Alpe Obere Gündel und Alpe Obere Kalle nach Ratholz am Großen Alpsee. Dauer etwa 2 bis 2 1/2 Stunden.

Beliebtes Ziel für Wanderer und Mountainbiker, die Alpe Mittelberg.

Lage der Alpe	Auf der Paßhöhe Steigbachtal-Ehrenschwangertal nördlich des Stuiben
Höhe	1369 m
Nutzung	Mischalpe mit Kühen und Jungvieh
Verpflegung	Brotzeit und Getränke
Übernachtung	Ja, Matratzenlager
Bewirtschaftet	Anfang Juni bis Ende September
Telefon	08323 / 4920
Sonstiges	Schöne Tour für MTB-Fahrer, Verbindungsweg von Immenstadt nach Steibis.
Wander-Karte	Zumsteinkarte Nr. 6 – Immenstadt, Maßstab 1:30 000 AVA Verlag, Porschestraße 2, 87437 Kempten

Alpe Mitterhaus

Ausgangspunkte:

Von Hindelang bis Bad Oberdorf aus geht es vom südlichen Ortsausgang in Richtung Hinterstein. Hier ist an der Ostrachbrücke ein Parkplatz. Vom Parkplatz aus führt entweder die für den allgemeinen Kfz-Verkehr gesperrte Straße uns in etwa 2 Stunden zum Mitterhaus. Alternativ gibt es die Möglichkeit, anfangs diese Straße zu meiden, indem man einfach den „Alpenrosenweg" benützt. Er zweigt gleich nach der Ostrachbrücke rechts ab.

Anschlußwanderungen:

• Vom Mitterhaus ans Ende des Retterschwanger Tales und über den Sattel „Am Gängele" in den Kessel des Oberen Gaisalpsees mit Abstieg nach Reichenbach (ca. 3 bis 4 Stunden). Sehr schön, etwas alpine und relativ lange Strecke!

• Auf den Straußbergsattel und Abstieg nach Hindelang. Dabei auf Wegen um das Imberger Horn herum zur Hornalpe. Von hier auch Abfahrt mit der Sesselbahn möglich, etwa 2 bis 2 1/2 Stunden Gehzeit.

• Auf den Straußbergsattel und Abstieg über Imberg nach Sonthofen-Binswan-

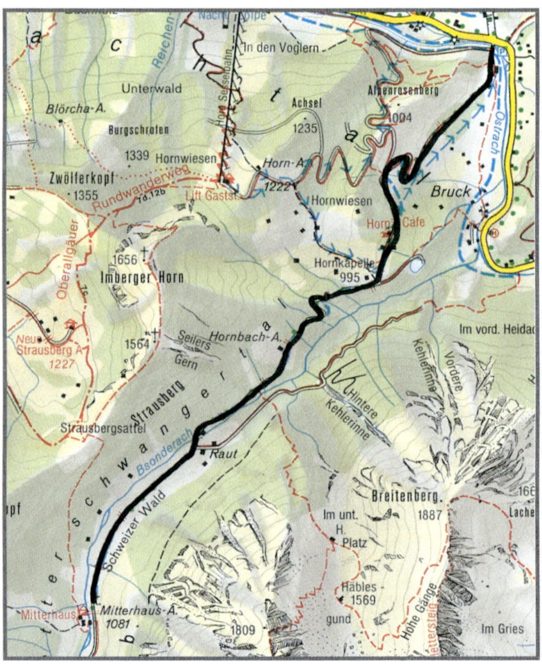

Auch Radfahrer nehmen gerne die Alpe Mitterhaus als Ziel ihrer Tour durchs Ostrachtal.

gen. Etwa 2 bis 2 1/2 Stunden Gehzeit. Schöne, einfache Wanderung mit Blick auf das Illertal und auf die ehemalige Kreisstadt Sonthofen.

• Auf der Straße zurück bis zum Horncafé, hier rechts abzweigen ins Ostrachtal nach Bruck und Rückweg zu unserem Ausgangspunkt am Parkplatz.

Lage der Alpe	Im Retterschwanger Tal
Höhe	1081 m
Nutzung	Sennalpe mit Jungvieh
Verpflegung	Brotzeit, Getränke, eigene Milch und Milchprodukte
Bewirtschaftet	Mitte Mai bis 3. Oktober
Telefon	nein
Sonstiges	Die Alpe ist auf einem Alpsträßchen (5 km) leicht erreichbar. Man kann aber auch die Imberg Sesselbahn benutzen und zur Hütte über eine Bergabwanderung gelangen.
Wander-Karte	Zumsteinkarte Nr. 3 – Hindelang, Maßstab 1:35 000 AVA Verlag, Porschestraße 2, 87437 Kempten

Tour 16

Alpe Oberberg

Ausgangspunkte:

• Von der Bergstation der Mittag-Sesselbahn kann man in 10 Min. zur Hütte gelangen.

• Von der Talstation dieser Bahn führt ein Wanderweg zur Alpe, Gehzeit etwa 2 bis 2 1/2 Stunden.

• Südlich von Ettensberg führt uns ein Wanderweg in ca. 1 1/2 Std. zur Alpe Oberberg.

• Von Gunzesried über Reute kann man in 2 Stunden zur Hütte gelangen.

Anschlußwanderungen:

• Über den Mittag zum Steineberg (1683 m), ca. 1 1/2 Stunden. Weiter zum Stuiben (1749 m) weitere 1 bis 1 1/2 Stunden.

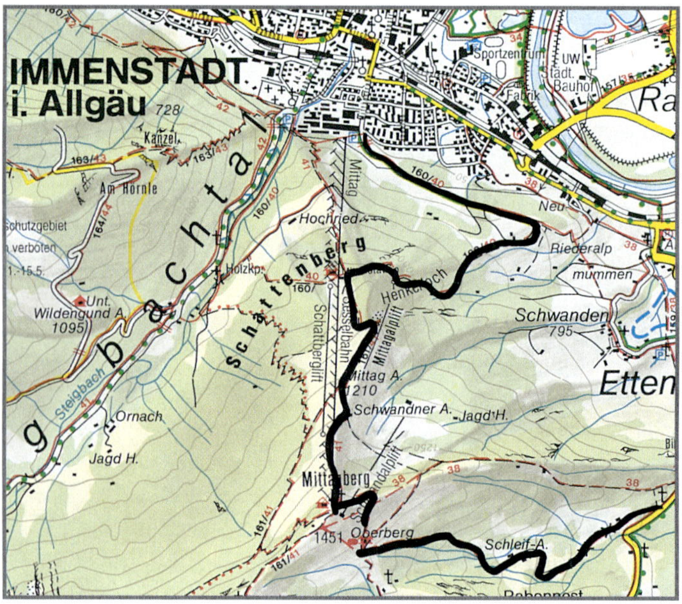

• Zum Bärenköpfle (1463 m) mit Abstieg über die Alpen Vorderkrumbach und Dürres Horn nach Gunzesried, etwa 1 1/2 bis 2 Stunden.

• Abstieg über den neuen Alpweg nach Immenstadt, etwa 1 1/2 bis 2 Stunden.

Die Alpe Oberberg unterhalb des Mittag bei Immenstadt.

Lage der Alpe	Östlich unter dem Gipfel des Mittags
Höhe	1305 m
Nutzung	Sennalpe mit etwa 30 Kühen
Verpflegung	Brotzeit, Getränke, selbsterzeugte Milchprodukte (Bergkäse!)
Bewirtschaftet	Ende Mai bis Ende Oktober
Telefon	08323 / 6784
Sonstiges	1997 durch neuen Alpweg erschlossen. Schöne Lage. Einfach zu erreichen durch Mittag-Sesselbahn und neuem Alpweg.
Wander-Karte	Zumsteinkarte Nr. 6 – Immenstadt, Maßstab 1:30 000 AVA Verlag, Porschestraße 2, 87437 Kempten

Tour 17

Alpe Unterer Ochsenberg

Ausgangspunkte:

• Vom Parkplatz an der Kanzel der Jochstraße geht man bis zur ersten scharfen Rechtskurve und biegt links in den ausgeschilderten Weg ein, dem man bis zur Alpe folgt, Gehzeit etwa 40 Minuten.

• Am südwestlichen Ortsausgang von Oberjoch findet man einen Wanderweg, der direkt zur Unteren Ochsenalpe führt. Gehzeit etwa 30 Minuten.

Anschlußwanderungen:

• Über die Obere Ochsenalpe und Iseler-Platz-Hütte auf den Iseler (1876 m). Letztes Stück etwas steil, Wanderzeit etwa 2 bis 2 1/2 Stunden.

• Über die Iseler-Platz-Hütte und den Palmweg nach Bad Oberdorf, etwa 2 bis 2 1/2 Stunden.

• Über den Wildbachtobelweg nach Bad Oberdorf, Gehzeit ca. 1 1/2 Stunden.

• Auf dem Panoramaweg von Oberjoch mit herrlicher Aussicht in die Berge, ca. 1 Stunde.

Die Ochsenalpe ist von Oberjoch aus gemütlich zu erwandern.

Lage der Alpe	Auf der Nordwestseite des Iselers, Bad Hindelang
Höhe	1200 m
Nutzung	Jungviehalpe
Verpflegung	Volle Verpflegung und Getränke
Besonderheiten	Allgäuer Spezialitäten, wie: Schupfnudeln, Krautspatzen, Kaiserschmarren, eigener Kuchen.
Übernachtung	Es gibt einige Zwei- und Mehrbettzimmer
Bewirtschaftet	Ganzjährig. Geschlossen von Anfang November bis Mitte Dezember, Montag Ruhetag.
Telefon/Info	08324 / 7623, www.ochsenalpe.de
Wander-Karte	Zumsteinkarte Nr. 3 – Hindelang, Maßstab 1:35 000 AVA Verlag, Porschestraße 2, 87437 Kempten

Alpe Scheidwang

Ausgangspunkte:
Gunzesrieder Säge (930 m). Ab hier führt uns ein Alpsträßchen westlich in das Aubachtal und steigt schließlich zur Alpe Scheidwang an. Zu Fuß etwa 2 bis 2 1/2 Stunden Gehzeit.

Anschlußwanderungen:
• Zum Hochgrat (1834 m) über die Alpe Obergelchenwang in 1 1/2 Stunden.

• Auf das Rindalphorn (1822 m) und weiter nach Osten über Gündleskopf und Buralpkopf bis zum Sederer (1737 m) und Abstieg über das Steigbachtal nach Immenstadt (ca. 6 bis 8 Stunden).

• Über den Sattel zwischen Gierenkopf und Heidenkopf südwärts bis nach Balderschwang in etwa 2 bis 2 1/2 Stunden.

• Zum Lecknersee in Vorarlberg über die Alpe Sura und die Alpe Helmingen in etwa 1 1/2 bis 2 Stunden.

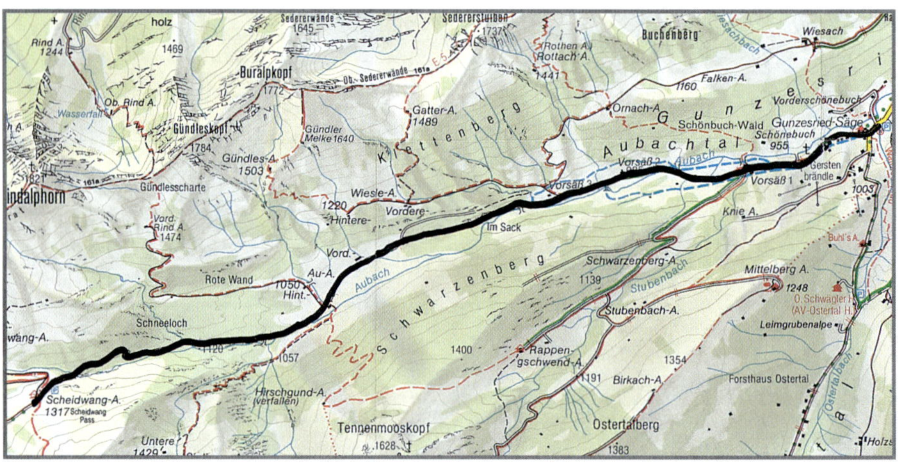

Zwischen Gunzesrieder und Lecknertal liegt die Alpe Scheidwang.

Lage der Alpe	Am Sattel zwischen dem Gunzesrieder und dem Lecknertal
Höhe	1318 m
Nutzung	Mischalpe (Jungvieh und Kühe)
Verpflegung	Brotzeit mit eigenem Bergkäse, Speck und Getränke
Bewirtschaftet	Ende Mai bis Mitte Oktober
Sonstiges	Die Alpe ist über einen geteerten Alpweg zu erreichen, allerdings ist der Weg weit. Gegen Maut darf man den PKW benutzen.
Telefon	0171/2186763
Wander-Karte	Zumsteinkarte Nr. 6 – Immenstadt, Maßstab 1:30 000 AVA Verlag, Porschestraße 2, 87437 Kempten

Tour 19

Alpe Obere Schwande

Ausgangspunkte:

• Parkplatz beim Gasthaus Alpenblick oberhalb von Burgberg (1000 m) gelegen. Von hier aus Wanderung über den Alpweg ostwärts zur Kehralpe und Aufstieg auf Wanderpfad zur Oberen Schwande. Leichtes Gelände, ca. 1 1/2 Stunden.

• Von dem kleinen Parkplatz aus am Beginn des neu gebauten Alpweges Burgberger Hörnle wandern wir bis an sein östliches Ende. Von dort aus geht es weiter hinauf bis zum Grüntenhaus (1535 m). Nun folgt ein Abstieg auf bezeichnetem Weg südlich bis hinunter zur Alpe Obere Schwande. Gehzeit etwa 2 bis 2 1/2 Stunden.

Anschlußwanderungen:

• Von der Oberen Schwande kann man über die Alpe Zweifelgehren aufsteigen, den Grünten südseitig umwandern und über das Roßköfle zum Gipfel (1738 m) gelangen. Etwa 1 1/2 Stunden. Unschwieriges Gelände.

• Wanderung von der Hütte zur Alpe Roßberg und Abstieg zum Alpweg. Hier trifft

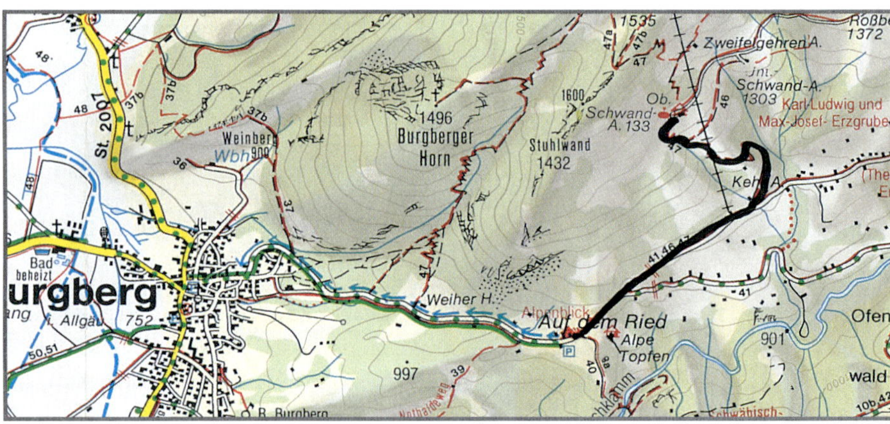

man auf die ehemal. Erzgruben des Grünten und kann zum Parkplatz beim Alpenblick zurückwandern. Etwa 1 1/2 bis 2 Std.

• Aufstieg zum Grüntenhaus und weiter am Sender vorbei zum Gipfel des Grünten, etwa 1 1/2 Stunden.

Lage der Alpe	Auf der Südseite des Grünten
Höhe	1330 m
Nutzung	Jungviehalpe
Verpflegung	Brotzeit und Getränke
Bewirtschaftet	Juni bis Mitte Oktober
Telefon	Nein
Sonstiges	Schöne Aussicht, Wanderverbindung zum Erzlehrpfad möglich
Wander-Karte	Zumsteinkarte Nr. 6 – Immenstadt, Maßstab 1:30 000 AVA Verlag, Porschestraße 2, 87437 Kempten

Tour 20

Siedelalpe

Ausgangspunkte:

• Parkplatz am Schlettermoos an der Straße von Immenstadt nach Missen (930 m). Von hier auf bez. Wanderweg in etwa 40 Minuten zur Hütte.

• Von Zaumberg in 1 Stunde auf bezeichnetem Weg.

• Von Missen über den mautpflichtigen Alpweg bis vor die Pfarralpe, dann links abbiegen. Etwa 1 1/2 bis 2 Stunden zur Hütte.

• Von Ratholz über die Hohenschwandalpe in 1 1/2 Stunden zum Ziel.

Anschlußwanderungen:

• Über die Alpe Schönsreuth zum Alpsee und nach Bühl, etwa 1 1/2 Stunden.

• Auf dem Oberallg. Rundwanderweg nach Westen zur Thaler Höhe (1166 m), weiter zur Salmaser Höhe (1254 m) und Abstieg über die Jäger Hütte nach Ronsberg-Wengen-Oberstaufen (2 1/2 bis 3 Stunden).

• Über die Thaler und Salmaser Höhen Abstieg nach Wiedemannsdorf und Rückkehr über die Gschwendalpe und Reuter nach Ratholz (2 1/2 bis 3 Stunden).

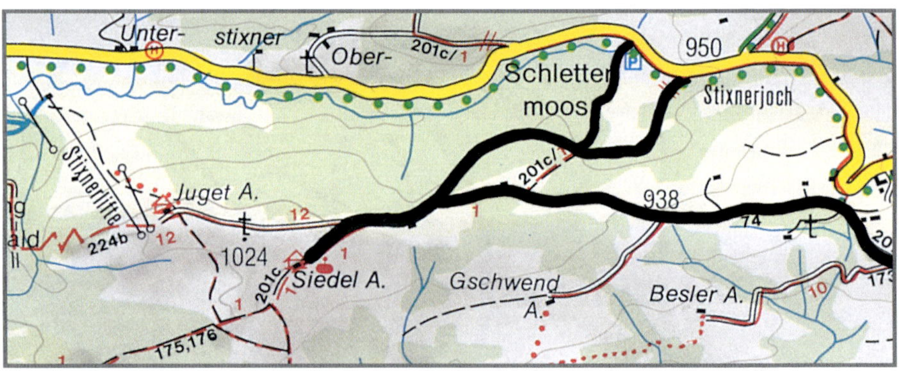

Die Siedelalpe auf dem Thaler Höhenzug.

Lage der Alpe	Auf dem Nagelfluhrücken oberhalb des Alpsees
Höhe	1000 m
Nutzung	Jungviehalpe
Verpflegung	Brotzeit und Getränke, eigener Kuchen, Brotzeitplatte Hausmacherart
Bewirtschaftet	Von Mai bis Oktober, Mittwoch Ruhetag
Telefon	08323 / 4365
Wander-Karte	Zumsteinkarte Nr. 6 – Immenstadt, Maßstab 1:30 000 AVA Verlag, Porschestraße 2, 87437 Kempten

Tour 21

Stutzalpe

Ausgangspunkte:

• Von der Bergstation der Zaferna-Sesselbahn in Mittelberg über die Bühlalpe, Gehzeit ca. 1 Stunde (Naturlehrpfad Zaferna), fast eben bis Bühlalpe, dann leichte Steigung.

• Von der Bergstation der Walmendinger-Horn-Bahn im Abstieg über die Muttelberg Alpe mit einer Gehzeit etwa 1 Stunde zur Hütte.

• Von Baad über den Baader Höhenweg, Gehzeit etwa 1 Stunde.

Anschlußwanderungen:

• Über die Bühlalpe am Fahrweg (gesperrt für Kfz) nach Erlenboden und zurück zum Parkplatz an der Walmendinger-Horn-Bahn (Parkgebühr), Gehzeit ca. 1 1/4 Stunden.

• Wie vorher, nur bei der Bühlalpe direkt über Maisäß nach Mittelberg, Gehzeit etwa 1 Stunde.

• Auf das Walmendinger Horn, Gehzeit etwa 1 1/2 bis 2 Stunden.

• Über die Muttelberg Alpe (1910 m) zur Oberen und Unteren Lüchelalpe

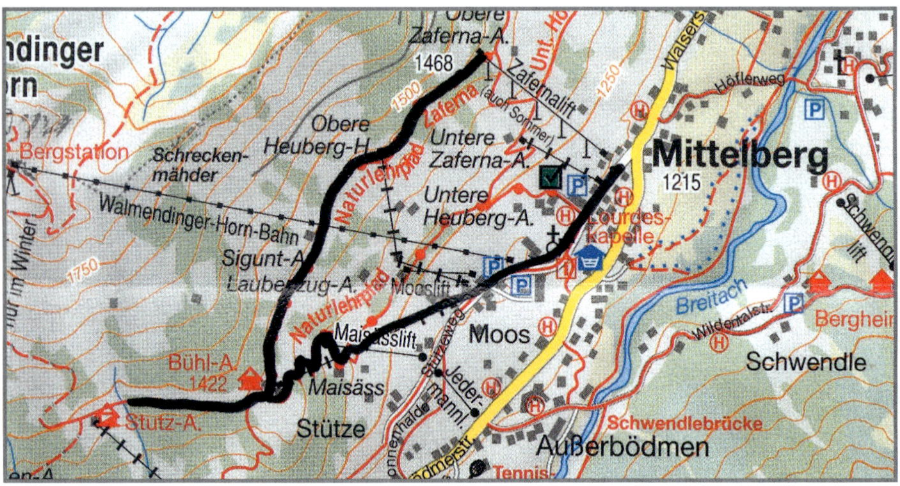

Geschützt liegt die Stutzalpe im Kleinwalsertal unterhalb des Walmendinger Horns.

und hinab nach Baad, Gehzeit etwa 2 1/2 bis 3 Stunden.

• Über die Bühlalpe und den Naturlehrpfad Zaferna zur Bergstation der Sesselbahn, etwa 50 Minuten, hier entweder Abfahrt nach Mittelberg oder weiterwandern über den Oberen Höhenweg nach Hirschegg (weitere 60 Minuten).

Lage der Alpe	Auf der Südseite des Walmendinger Horns, Gemeinde Mittelberg/Kleinwalsertal
Höhe	1450 m
Nutzung	Sennalpe
Verpflegung	Suppen, Brotzeit und Getränke
Besonderheiten	Eigener Bergkäse und Romadur, eigener Joghurt
Bewirtschaftet	Anfang Juni bis 21. September, kein Ruhetag
Telefon	Nein
Sonstiges	Urige Einrichtung, 200jährige Bauernstube, Werkstatt für Fahrräder. Leicht zu erreichen von der Walmendinger-Horn-Bahn im Abstieg oder von Zaferna-Sesselbahn.
Wander-Karte	Zumsteinkarte Nr. 5 – Kleinwalsertal, Maßstab 1:25 000 AVA Verlag, Porschestraße 2, 87437 Kempten

Waltners Alpe

Ausgangspunkte:

• Vom Parkplatz bei der Imbergbahn führt ein Wanderweg zum Imberg Haus (1218 m) und von dort geht es westlich hinab zur Hütte. Insgesamt etwa 1 1/2 bis 2 Stunden. Alternativ kann man die Imbergbahn benutzen und braucht dann nur noch etwa 20 Minuten.

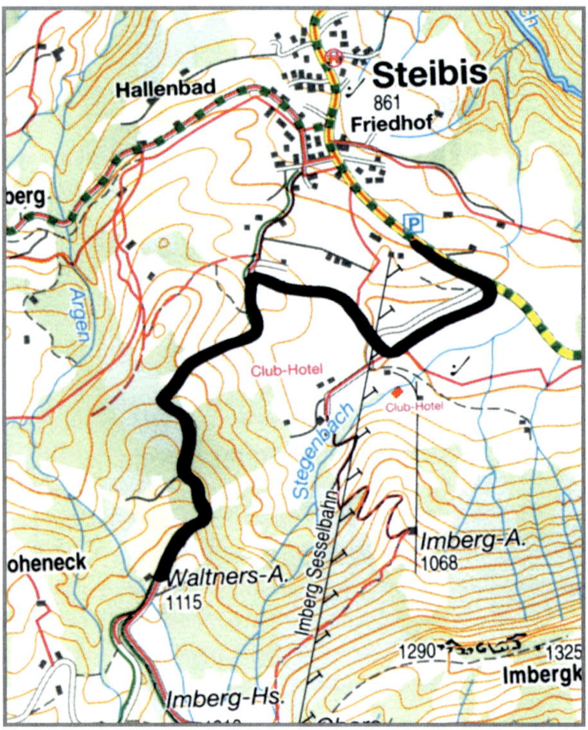

• Mit dem Linienbus ab Steibis in 12 Minuten, Haltestelle bei der Alpe.

Anschlußwanderungen:

• Über die Vordere und Hintere Fluhalpe zur Schwandalpe und Abstieg nach Hagspiel und Steibis in 2 bis 2 1/2 Std.

• Über Hochbühl und Hörmoos zum Hohen Hädrich (1566 m) in 2 1/2 Stunden.

• Über das Imberg Haus und die Alpen Ober Bergmoos und Remmeleck nach Lanzenbach und zurück nach Steibis in etwa 2 1/2 bis 3 Stunden.

Die Waltners Alpe am Alpweg Richtung Hoher Hädrich.

Lage der Alpe	Südwestlich Steibis am Alpweg Falken – Hoher Hädrich
Höhe	1115 m
Nutzung	Sennalpe
Verpflegung	Brotzeit aus eigener Herstellung, Käse und Getränke, Speck, Wurst
Bewirtschaftet	Mai bis Ende September ohne Ruhetag
Telefon	08386 / 8149
Sonstiges	Leicht erreichbar, Linienbus von Steibis, Haltstelle
Wander-Karte	Zumsteinkarte Nr. 6 – Immenstadt, Maßstab 1:30 000 AVA Verlag, Porschestraße 2, 87437 Kempten

Willersalpe

Ausgangspunkte:

Hinterstein. Vom Parkplatz oberhalb des Gasthofes „Grüner Hut“ steigt man in etwa 1 1/2 bis 2 Stunden hinauf zur Alpe.

Anschlußwanderungen:

• Auf das Geißhorn (2249 m) in etwa 2 Stunden (alpin).

• Über das Zirleseck auf den Ponten (2045 m) oder den Bschießer (2000 m), jeweils ca. 1 1/2 bis 2 Stunden.

• Über das Zirleseck (1872 m) nach Tirol und die Zipfelsalpe nach Hinterstein und zum Parkplatz zurück (ab Alpe ca. 3 bis 4 Stunden).

• Wanderung auf dem „Jubiläumsweg“ über das Geißeck zum Prinz-Luitpold-Haus am Hochvogel. Alpine Tagestour! Anstrengend.

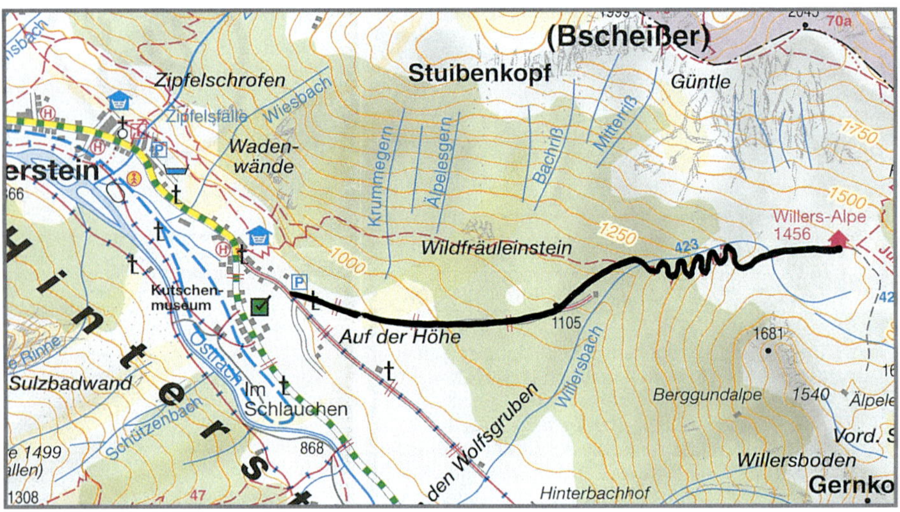

Auf der Willersalpe werden die Pferde noch als „Transportmittel" eingesetzt.

Lage der Alpe	Im Kessel zwischen Bschießer, Ponten und Geißhorn
Höhe	1460 m
Nutzung	Mischalpe (Jungvieh und Kühe)
Verpflegung	Suppen, Brotzeit und Getränke, eigener Bergkäse
Übernachtung	Bis 30 Personen
Bewirtschaftet	Weihnachten bis Dreikönig, Faschingswoche, Ostern und vom 1. Mai bis 1. November, alle Wochenenden außer November
Telefon	0171 / 9939847
Sonstiges	Zur Hütte führt kein fahrbarer Weg, jeder Transport muß mit Trage-Haflingern ausgeführt werden.
Wander-Karte	Zumsteinkarte Nr. 3 – Hindelang, Maßstab 1:35 000 AVA Verlag, Porschestraße 2, 87437 Kempten

Tour 24

Aggenstein (1987 m)

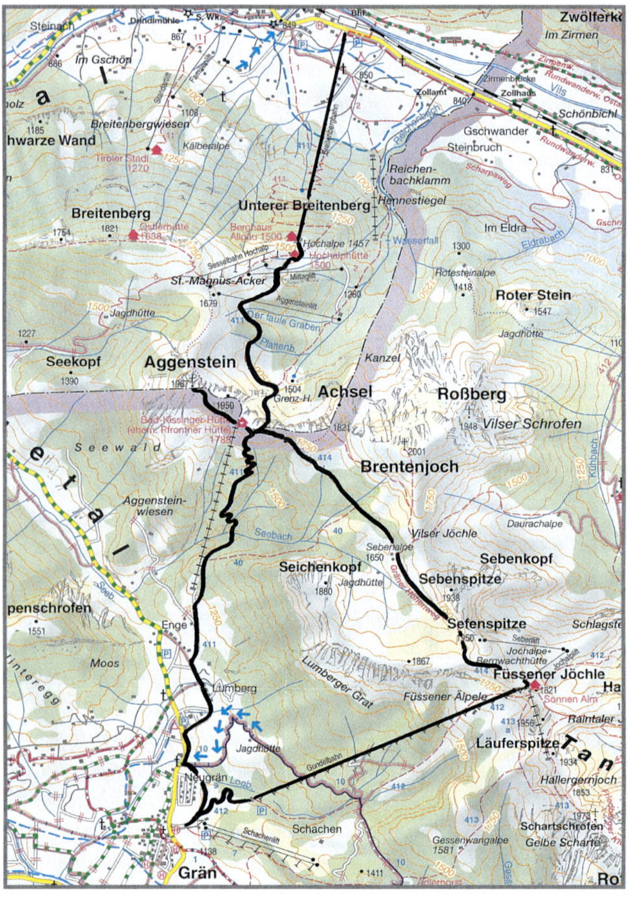

Beste Jahreszeit:

Anfang Juni bis Oktober.

Allgemeines:

Eine sehr schöne Rundwanderung. Sie kann wie folgt vorgenommen werden: Man fährt in Grän/Tannheimer Tal bis zum ausgeschilderten Parkplatz der Gondelbahn, die auf das Füssener Jöchle führt. Von hier läßt man sich in 12 Minuten bequem auf eine Höhe von 1816 m hinaufschaukeln. Das Füssener Jöchle ist eine Einkerbung zwischen dem westlich davon liegenden Lumberger Grat und den östlich davor liegenden Tannheimer Bergen mit Läuferspitze, Schartschrofen und Gimpel/Rote Flüh. Vom Joch aus

Herrlicher Blick auf den Aggenstein

kann man nordöstlich absteigen bis nach Vils oder östlich absteigen zur Otto-Mayr-Hütte und nach Musau im Lechtal gelangen. Unser Weg aber führt auf bezeichnetem Weg vom Füssener Jöchle links ab, zuerst ein wenig bergauf, jenseits des Rückens aber hinab bis zur Sebenalpe. Wir verlieren dabei etwa 200 Höhenmeter. Zur Rechten bleiben Sefenspitze (1950 m) und Sebenspitze (1938 m) liegen. Der Lumbergergrat zieht sich jenseits einer größeren Alpfläche zu unserer Linken halbkreisförmig mit. Im Seichenkopf westlich der Sebenalpe endet er (1880 m). Unser Weg führt von der Sebenalpe allmählich durch Wald ansteigend weiter in Richtung auf die bald sichtbare Bad Kissinger Hütte (1788 m). Wer dabei das Brentenjoch (2001 m) noch mit ersteigen möchte, muß ca. 20 Min. nach der Sebenalpe rechts abzweigen, findet bald darauf einen Steig, der links zum Gipfel des Brentenjochs hinaufführt. Etwa 20 Minuten vor der Bad Kissinger Hütte kommt man aus dem Wald heraus und steigt über nasse Wiesen bis zur Hütte am Grat, 1788 m. Die Hütte ist voll bewirtschaftet. Der weiterhin sehr deutliche Steig führt nun in steilen Serpentinen in allgemeiner Nordwestrichtung bis zum Gipfel, wobei es nur unmittelbar unterhalb des Gipfelkreuzes einige leichte Felsen zu durchsteigen gilt. Unterhalb der Bad Kissinger Hütte münden auch die Steige ein, die vom Breitenberg (Ostler-Haus) und von der Bergstation der Seilbahn herführen. Beide Steige sind ebenfalls bezeichnet und können nicht verfehlt werden.

Der Abstieg geht zunächst zurück zur Hütte, dann aber biegt man unterhalb nach rechts ab in das Engetal. Es geht steil, aber ständig auf gutem Weg hinab bis zum Ort Enge, wo zugleich der Talboden erreicht ist. Von hier führt abseits der Straße ein angenehm zu laufender Weg nach Lumberg und durch einige Wiesen zurück zum Parkplatz der Füssener Jöchlebahn. Diese genannte Runde, die von wandergewohnten Familienmitgliedern ohne weiteres gemacht werden kann, dauert etwa 6 bis 7 Stunden insgesamt.

Ein direkter Aufstieg führt vom Weiler Enge (1100 m) über die Bad Kissinger Hütte zum Gipfel (ca. 2 bis 2 1/2 Stunden). Der Parkplatz liegt direkt an der Hauptstraße in Richtung Pfronten.

Ausgangsorte	Grän 1100 m, Pfronten (880 m Seilbahn)
Zielort	desgleichen
Stützpunkte	Bad Kissinger-Hütte (1788 m), DAV, Bergstation Füssener Jöchle (1816 m)
Höhenunterschied	bei Benutzung der Sesselbahn auf das Füssener Jöchle insgesamt noch etwa 350 m, bei Benutzung der Seilbahn auf den Breitenberg noch etwa 400 m
Zeitaufwand	Füssener Jöchle-Aggenstein etwa 2 1/2 Std., Bergstation Seilbahn bis Gipfel etwa 2 Stunden
Wander-Karte	Zumsteinkarte Nr. 2 Pfronten, Maßstab 1:30 000 AVA Verlag, Porschestraße 2, 87437 Kempten

Tour 25

Allgäuer Himmelssteig

Beste Jahreszeit:
Anfang Juli bis Oktober.

Allgemeines:
Wunderschön ist er, dieser Allgäuer Himmelssteig! Von der freundlichen Abnahme des Aufstieges durch die Nebelhorn-Bahn profitiert man bei dieser Tagestour noch lange, sonst wäre sie vielleicht für den „Normalwanderer" gar

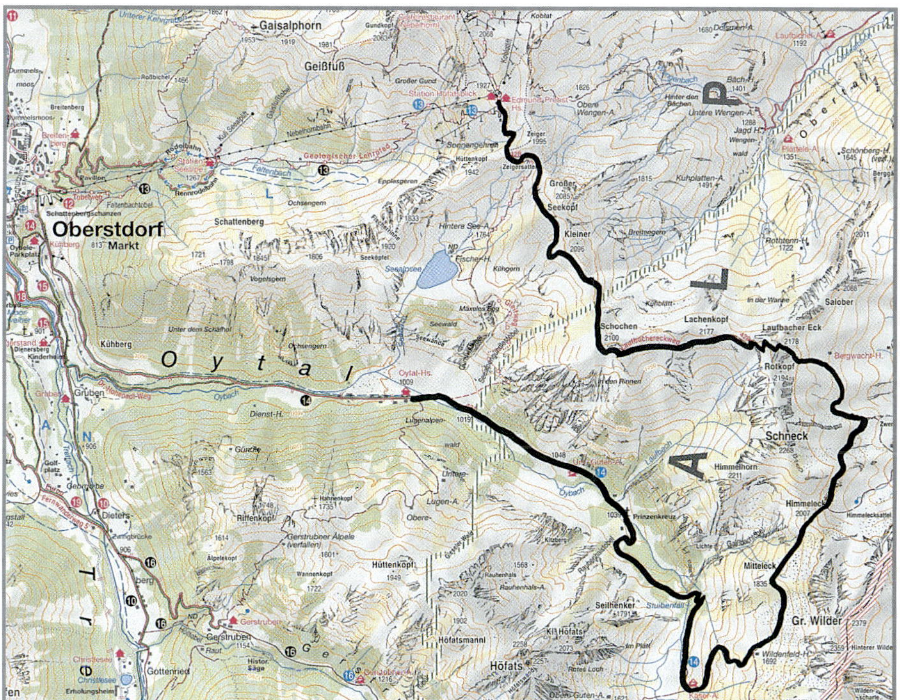

Schochen, vom Laufbacher Eck aus

nicht an einem Tag machbar. So aber eilt man beschwingt ab der Bergstation zu einem kleinen Rinnsal abwärts und quert im folgenden den Zeiger, den Großen und den Kleinen Seekopf auf ihren Westflanken und könnte den folgenden Schochen leicht über Gras besteigen. Der Weg führt wenig unter seinem aussichtsreichen Gipfel um ihn herum, biegt scharf nach Osten ab und führt nun den Wanderer auf einer Aussichtskanzel hinüber zum Laufbacher Eck. Dort hinauf allerdings führen noch einige schweißtreibende Kehren.

Der Gipfel liegt gar nur 20 m oberhalb des Sattels, über den man ins Bärgündeletal ein Stück absteigen muß. Die kleine Bergwachthütte ist sichtbar und man denkt wohl daran sie nicht brauchen zu müssen! Unterhalb des steilen Abstieges muß man sich unbedingt noch einmal die turmhohe Gestalt des Schneck anschauen, um den man nun ostwärts herumläuft. Auf dem Himmeleck (2007 m) ist der letzte Aufstieg geschafft! Für Geübte ist der Gipfel des Schneck in 30 Minuten erreichbar, weniger Geübte können die gleiche Aussicht vom Vorgipfel genießen! Dann geht es steil unter den Westabstürzen der Wilden zur verlockenden Käseralpe hinunter, deren Brotzeit schon von weitem zu winken scheint.

Der folgende Abstieg ist nicht mehr schwer, aber sehr weit!!! Wer an diesem Tag wieder in Oberstdorf ankommt, sinkt erschöpft ins Bett – aber im frohen Bewußtsein, etwas Besonderes geleistet und gesehen zu haben.

Ausgangsort	Oberstdorf - Nebelhornbahn Bergstation (1929 m)
Zielort	Oytalhaus (1009 m), Oberstdorf (813 m)
Stützpunkte	Käseralpe (1400 m), Untere Gutenalpe (1048 m)
Höhenunterschied	bis Himmeleck ca. 550 m, Abstieg ca. 1300 m insges.; Gipfel: Schochen 2100 m, Laufbacher Eck 2179 m, Schneck 2258 m (nur für Geübte!), dadurch mehr Höhenmeter!
Zeitaufwand	Bergstation - Laufbacher Eck ca. 2 1/2 Std., weiter bis Himmeleck 1 1/2 Std., bis Käseralpe 1 1/4 Std., bis Oytalhaus 1 1/2 Std., insgesamt ca. 7 Std. (+ Pausen)
Wander-Karte	Zumsteinkarte Nr. 4 Oberstdorf, Maßstab 1:30 000 AVA Verlag, Porschestraße 2, 87437 Kempten

Tour 26

Burgberger Hörnle (1496 m)

Beste Jahreszeit:
meist schon ab Mai und bis November möglich.

Allgemeines:
Das Burgberger Hörnle, auch Kreuzelspitze genannt, ist der westlichste Gipfel des Grüntenmassivs. Es ist sehr steil, aber es führt ein Pfad bis zum Gipfel, zuletzt durch leichte Felsen. Der Blick ins Illertal und auf die Berge südlich und westlich ist überwältigend. Gerade wegen seiner Steilheit hat man das Gefühl auf einem Balkon zu stehen. Besonders hübsch ist der Anblick der Mäander des Baches zwischen Agathazell und Häuser. Wie eine Spielzeuglandschaft liegen die Möser und Moore des Illertales zu Füßen und der Segelflugplatz wirkt von hier oben wie ein grünes Handtuch. Eine kurze, aber lohnende Tour (für den geübten Bergwanderer).
Aufstieg ab Burgberg: Vom Parkplatz östlich des Ortes Richtung Gh. „Alpenblick“ findet man drei ausgeschilderte Möglichkeiten, die alle zum Grünten weisen. Die Abzweigung nach etwa 1/2 bis 1 Stunde vom Grüntenweg zum Burgberger Hörnle kann leicht übersehen werden. Doch mit geübtem Blick findet man den nach links abzweigenden Pfad, der durch einen quergefallenen Baumstamm etwas versteckt wirkt. Doch einmal gefunden führt er einen durch den Wald der Süd- und Südwestseite steil hinauf. Weiter oben kommen Schrofen und schließlich leichte Felspartien. Achtung: man bleibe am Weg!
Ab Alpe Weihele: Einige Höhenmeter kann man sich ersparen, wenn man Rich-

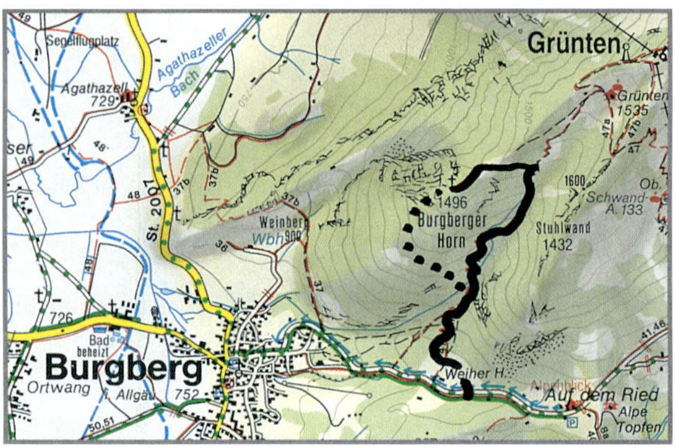

Das Burgberger Hörnle

tung Gasthaus Alpenblick fährt. Etwa 500 m davor liegt links eine Alphütte. Hier ist ein kleiner Parkplatz neben der Straße. An der Hütte vorbei führt ein Wiesenweg zum Wald hinauf, Wegweiser „Grünten". Nach etwa 20 bis 30 Minuten trifft dieser Weg in Wald auf den links von Burgberg heraufkommenden Pfad. Nun weiter wie vorher. Statt vom Weihele kann man etwas weiter straßenaufwärts den neuen Forstweg benutzen. Aus der an sich kleinen Tour kann man folgende Möglichkeiten einer ausgedehnten Wanderung machen:

- Vom Burgberger Hörnle zum sichtbaren Grüntenhaus (Achtung am Grat ein paar Felsstufen) sowie zum Gipfel des Grünten und evtl. Abstieg über die Alpe Kammeregg nach Rettenberg.
- Oder noch unterhalb des Grüntenhauses rechts durch das Aufstiegtal zurück.
- Oder vom Grüntenhaus über Alpen Obere Schwand und Kehr zum Parkplatz beim Gasthaus Alpenblick hinunter.

Ausgangsort	Burgberg (751 m)
Zielort	desgleichen
Stützpunkte	Grüntenhaus (1535 m)
Höhenunterschied	745 m, ab Alpe Weiherle ca. 620 m
Zeitaufwand	ab Burgberg 2 bis 2 1/2 Std., ab Alpe Weiherle 1 1/2 Std.
Wander-Karte	Zumsteinkarte Nr. 6 Immenstadt, Maßstab 1:30 000 AVA Verlag, Porschestraße 2, 87437 Kempten

Tour 27

Einstein (1867 m)

Beste Jahreszeit:

Da der Gipfel von Tannheim aus südseitig zu erreichen ist, kann man oft schon Anfang Mai ohne Schwierigkeiten hinaufsteigen. Der Anstieg von Fallmühle dagegen ist nordseitig und dürfte erst später möglich werden. Im Herbst kann man bis zum ersten Schnee, also bis in den November hinein, den Berg besteigen.

Allgemeines:

Man läßt sein Auto am großen Parkplatz westlich von Tannheim stehen und wandert ab hier zuerst bis zur Mitte des Ortes. Hier biegt nach Norden ein kleines Sträßlein in Richtung Berg ab, unterquert die Umgehungsstraße und endet in Berg. Von hier führt ein sehr steiniger Weg ein weites Stück aufwärts. Der schöne, aus Hauptdolomit bestehende Felsklotz des Einstein liegt beim Aufstieg stets genau vor uns. Der Weg ist rot markiert, bzw. im Bereich des erwähnten, später aber nach links abbiegenden Weges mit Richtungspfeilen ausgestattet. Ein Verirren ist praktisch nicht möglich. Anfänglich geht es durch lichten Wald, später durch Latschenbüsche allgemein steil aber ungefährlich auf einem gut zu gehenden Steiglein aufwärts. Bei dieser Tour ist zu beachten, daß es auf dem gesamten Weg keinerlei Wasser gibt, und entsprechend der Jahreszeit und der Personenzahl Trinkbares mitgenommen werden muß! Etwa 1 bis 1 1/2 Stunden nach dem Aufbruch

Der Einstein im Tannheimer Tal

erreicht man den Gratrücken, der sich vom Einstein nach Osten zum Rappenschrofen hinzieht.
Hier ist auch die Stelle, an der man heraufkommt, wenn man vom Engetal aufsteigt. Dabei gibt es mehrere Möglichkeiten: entweder Aufstieg etwa 1 km hinter der Grenze auf österreichischem Boden zur Einstein Alpe und von dort nördlich steil ansteigend auf den vorher erwähnten Grat, oder vom deutschen Zollhaus zur Einstein Alpe.

Allgemein üblich ist der Weg von Tannheim/Berg, der auch von Kindern ohne weiteres gangbar ist. Auch liegt die Anstiegszeit von etwa 2 Stunden im Bereich des für Kinder Möglichen.
Die Tour ist überaus lohnend, die Aussicht nach allen Seiten bemerkenswert!

Ausgangsorte	Tannheim im Tannheimer Tal, Tirol (1150 m), Engetal (1000 m, ehemaliges Zollhaus)
Zielort	desgleichen
Stützpunkte	keine
Höhenunterschied	ab Talort ca. 770 m, bei Anstieg vom ehem. Zollhaus ca. 800 m
Zeitaufwand	von Tannheim 2 bis 2 1/2 Std., ab Fallmühle 3 1/2 Std.
Wander-Karte	Zumsteinkarte Nr. 7 Tannheimer Tal, Maßstab 1:25 000 AVA Verlag, Porschestraße 2, 87437 Kempten

Tour 28

Geißhorn (2249 m)

Beste Jahreszeit:

west- und südseitig Juli bis Oktober, nordseitig etwa 2 bis 3 Wochen später.

Allgemeines:

Der Name des Berges und auch die umliegenden Joche (Schafwanne) deuten auf frühere Älpung von Ziegen und Schafen hin. Das Geißhorn, im Winter ein beliebtes Ziel für Skitourenfahrer, bietet eine lohnenswerte Aussicht nach allen Seiten. Sein formschöner Gipfel aus alpinem Kalk wirkt besonders aus dem Tannheimer Tal steil und unnahbar. Weniger Geübte sollten den Aufstieg über das westlich vorgelagerte Geißeck wählen, von dem ein ungefährlicher Weg zum Gipfel führt. Die Tour ist zwar familienfreundlich, verlangt aber viel Ausdauer! Genügend Getränke mitnehmen!

Aufstieg von Hinterstein: Vom südlichen Parkplatz führt östlich ein beschilderter Weg über Alpweiden, später durch Wald steil hinauf in den Kessel der Willersalpe, wo wohl die erste Rast notwendig ist. Ab hier leitet der Jubi--läumsweg, zuletzt sehr steil, auf das Geißeck-Joch (2055 m). Dort biegt man links ab und gewinnt den Gipfel in etwa 30 bis 40 Minuten.

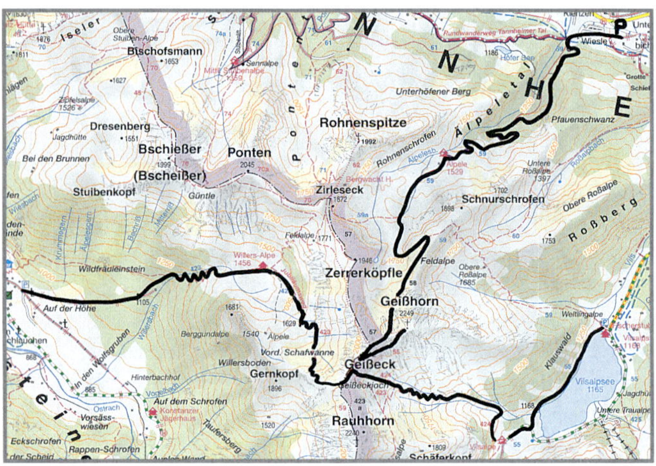

Aufstieg von Tannheim-Kienzen: Westlich von Tannheim am Ortsrand liegt ein neuer Parkplatz (Münzen mitnemen!) Ab da führt der Weg westl. zum Weiler Kienzen und von dort südlich auf einem

Das Geißhorn

Alpweg durch Wald bis zur Älpele Alpe (1529 m) hinauf. Nun über Alpweiden zur breiten Ostseite und diese steil zum Grat westlich des Gipfels hinauf. (Für Kinder weniger geeignet).
Aufstieg ab Vilsalpsee: Achtung Parkregelung am Vilsalpsee beachten: Fahrt von Tannheim bis zum See nicht zu jeder Tageszeit erlaubt. Keine Schwierigkeit bei Hinfahrt vor 10:00 Uhr. Auf nördl. Seite Parkplatz. Ab hier Wanderung am westl. Seeufer entlang, bis Vilsalpe einfach. Jetzt westlicher teilweise steiler und langer Aufstieg zum Geißeck-Joch und von dort wie vorher zum Gipfel. Im Sommer zeitig aufbrechen (6:00 bis 7:00 Uhr ab Parkplatz).

Ausgangsorte	Hinterstein (866 m), Tannheim-Kienzen (1100 m) oder Vilsalpsee (1165 m)
Zielort	entweder zum Ausgangsort zurück oder Übergang Zirleseck - Zöblen, sowie durchs Roßbachtal nach Tannheim oder über den Jubiläumsweg bis Schrecksee und Abstieg ins Ostrachtal möglich
Stützpunkte	Willers Alpe (1456 m), Vils Alpe (1200 m, am Vilsalpsee), Alpe Älpele (1529 m im Älpeletal)
Höhenunterschied	ab Hinterstein 1380 m, Kienzen 1150 m, Vilsalpsee 1090 m
Zeitaufwand	Parkplatz Hinterstein bis Willers Alpe 2 1/2 bis 3 Std., Kienzen - Alpe Älpele 1 1/2 Std., weiter zum Gipfel 2 Std., vom Parkplatz Vilsalpsee - Gipfel über Vils Alpe und Geißeck 3 1/2 bis 4 1/2 Std.
Wander-Karte	Zumsteinkarte Nr. 3 Bad Hindelang Maßstab 1:35 000 AVA Verlag, Porschestraße 2, 87437 Kempten

Große Bleckenau-Runde

Beste Jahreszeit:
Anfang Juli bis Ende September.

Allgemeines:
Der Tegelberg ist seit 1968 durch eine moderne Seilbahn erschlossen und bietet vielen Wanderfreunden, die einen langen Aufstieg scheuen, eine bequeme Möglichkeit, die aussichtsreichen Höhen zu erreichen. Von hier oben sind sowohl

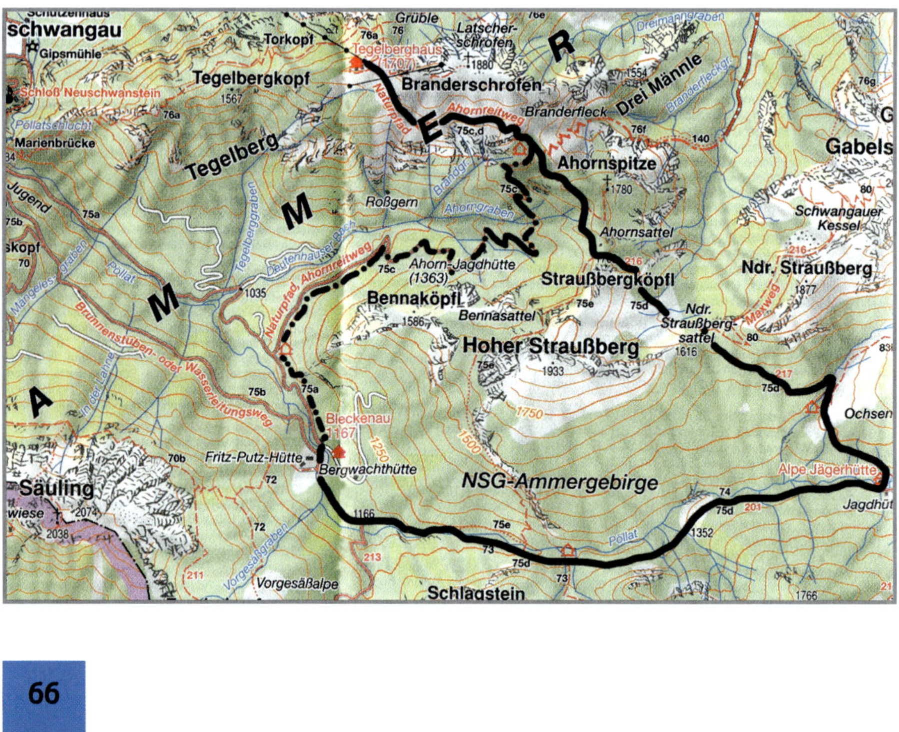

Wunderschöne Ausblicke erwarten uns auf der Großen Bleckenau-Runde

Der Branderschrofen, der eigentliche Gipfel des Tegelbergs

Gipfel als auch Bergabwanderungen zu machen, je nach Lust und Laune. Neben der Großen gibt es noch die Kleine Bleckenau-Runde, sowie weitere Möglichkeiten in viele Richtungen. Die Ausflugsmöglichkeiten sind familienfreundlich, viele Kinder wandern nun mal lieber bergab.

Von der Bergstation der Tegelbergbahn wendet man sich zunächst halblinks hinunter und erreicht den Naturlehrpfad Ahornreitweg, der einer Aufmerksamkeit durchaus wert ist. Anschließend wandert man in leichtem Linksbogen durch die Südabhänge des Branderschrofens, bis man die Einsattelung des Branderflecks erreicht

(Weg 75 c & d). Nun kann man sich entscheiden: nach rechts abwärts führt der Weg Nr. 75 c über die Ahorn Jagdhütte zur geteerten Bleckenaustraße. Von hier wendet man sich links aufwärts und erreicht nach 20 Minuten die Bleckenau (Kleine Bleckenau-Runde, ca. 2 Stunden).
Wer länger wandern und schönere Aussichten erleben will, der wendet sich am Branderfleck geradeaus weiter (Weg 75 d). Der Weg zieht sich an der Ahornspitze etwas hoch und quert dann die Hänge zum Ahornsattel. Die Ahornspitze kann dabei als Abstecher mitbestiegen werden. Vom Ahornsattel zweigt man links ab und steigt, nach einem kleinen Anstieg, zur Niederstraußberg Alpe hinab. Auf deren Weideflächen muß man sich stets rechts halten und auf die Markierungen achten. Jenseits geht es kurz zum Niederstraußbergsattel hinauf, und südöstlich über die Alpe Ochsenängerle zur Alpe Jägerhütte hinab. Hier trifft man auf den Fahrweg, der entlang der Pöllat in einer guten Stunde nach Bleckenau leitet.

Ausgangsorte	Hohenschwangau, Schwangau
Zielort	desgleichen, auch Übergänge möglich
Stützpunkte	Tegelberghaus (1707 m), Alpe Jägerhütte (1450 m), Berggaststätte Bleckenau-Königshaus (1167 m)
Höhenunterschied	ca. 900 m, geringfügige Zwischenanstiege, sonst nur bergab
Zeitaufwand	ca. 3 bis 4 Stunden
Wander-Karte	Zumsteinkarte Nr. 1 Füssen - Schwangau, Maßstab 1:30 000 AVA Verlag, Porschestraße 2, 87437 Kempten

Tour 30

Grünten (1738 m)

Beste Jahreszeit:
südseitig ab Ende Mai, nordseitig 2 bis 3 Wochen später.

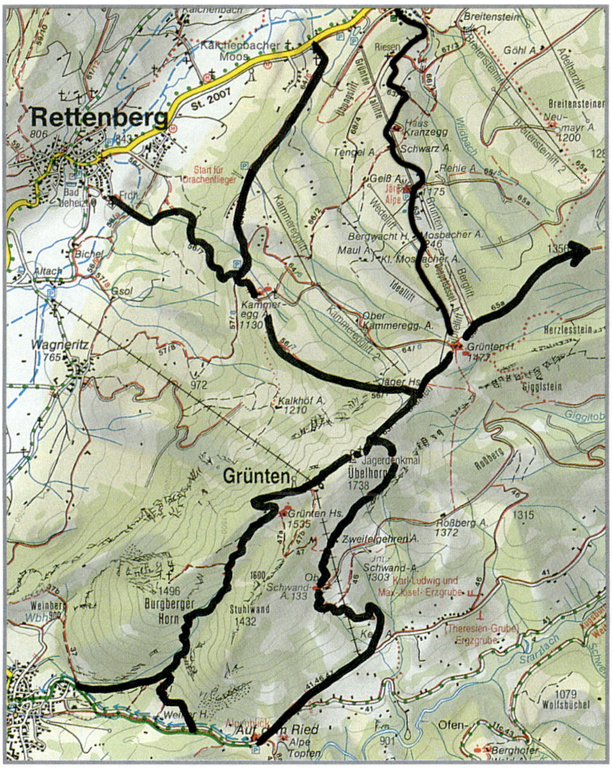

Allgemeines:
Nicht umsonst wird der Grünten (Name von „der Krinnete = der Berg mit der steilen Rinne") als Wächter des Allgäus bezeichnet. Seine Aussicht ist überaus lohnend und reicht an klaren Tagen bis zur Donau, in die Ostschweiz und bis zum Wetterstein. Sein geologischer Aufbau ist interessant: bestehen doch der Gipfelaufbau und die Südseite aus helvetischer Kreide, wie Besler oder Hoher Ifen, während aus den Steinbrüchen der Nordseite Quarzit gewonnen wird. Am Hauptgipfel steht ein Denkmal zu Ehren der in beiden Weltkriegen gefallenen Gebirgsjäger.
Von Rettenberg führt ein bezeichneter Weg am Friedhof vorbei und

Der Grünten, Wächter des Allgäus

danach durch Wald westlich des großen Steinbruchs Pelz hinauf zur Alpe Kammeregg. Bis kurz unterhalb kann man aber auch ohne Erlaubnisschein mit dem PKW fahren. Von der bewirtschafteten Alpe führt der markierte Pfad durch die Alpweiden südwärts hinauf. Bevor man zum Grat gelangt, muß noch der Skilift unterquert werden. Über das letzte Stück der Lifttrasse und anschließend auf Serpentinen hinauf, zuletzt über leichte Felsen zum Gipfel.

Von Burgberg aus führen zwei Wege zum Grünten: der direkte, der schon unterhalb des Gasthauses Alpenblick nach links abzweigt, sowie ein Weg der von Alpe Kehr (Talstation der Materialbahn) über Alpböden, zuletzt durch etwas Wald, bis zum Grüntenhaus hinaufzieht. Zur Alpe Kehr gelangt man ab Gasthaus Alpenblick (Parkplatz, weiterer Weg gesperrt) über einen kleinen, asphaltierten Alpweg in etwa 1/2 Std. An der Alphütte östl. vorbei geht nun der rot markierte Weg steil hinauf, an den Schwandalpen und der Alpe Zweifelgehren vorbei. Weiter vom Grüntenhaus (erste Unterkunftshütte des Allgäus!) hinauf zum Vorgipfel mit Sendemast. Der Grünten ist auch von seiner Ostseite her über markierte Routen zu ersteigen. Es empfiehlt sich die Wege nicht zu verlassen, da die steilen Grashänge schon Opfer gekostet haben.

Weitere Aufstiege: Etwa 500 m vor dem Gasthaus Alpenblick liegt linker Hand die Alpe Weihele. Hier kleiner Parkrand an der Straße. Markierter Weg zum Grünten.

Für Leute, die das Steile lieben: Berkmann Weg von der Alpe Kalkhöf auf der Nordseite steil hinauf zum Grat (halbwegs zwischen Grüntenhaus und Sender), Ausgangsort hierzu: Wagneritz oder Alpe Kammeregg.

Eine nette Alternative auf den Grünten ist von Kranzegg möglich, wobei man über die mautpflichtige Alpstraße bis zur Jörgalpe fahren kann. Bei dieser Gelegenheit kann man den ersten und einzigen „Lustigen Wanderweg" des Allgäus mitmachen. Er führt von Kranzegg über den Wildbachweg zunächst zum Berggasthof Kranzegg (1150 m), dann in einer Runde über die Gaißalpe zum Café Deubele und zurück nach Kranzegg. Gehzeit 90 Minuten.

Ausgangsorte	Rettenberg (806 m), Burgberg (740 m), Kammeregg (1100 m)
Zielort	desgleichen, Abstieg auch nach Osten bis Wertach möglich; Überschreitungen besonders schön
Stützpunkte	Alpe Kammeregg (1180 m), Grüntenalpe (1477 m), Grüntenhaus (1535 m), Gasthaus Alpenblick (1000 m), Haus Kranzegg, Obere Schwandalpe (1270 m)
Höhenunterschied	von Rettenberg ca. 930 m, von der Alpe Kammeregg ca. 550 m, von Burgberg ca. 1000 m
Zeitaufwand	ab Rettenberg ca. 2 1/2 Std., ab Alpe Kammeregg 1 1/2 Std., ab Burgberg 3 Std.
Wander-Karte	Zumsteinkarte Nr. 6 Immenstadt - Sonthofen, Maßstab 1:30 000 AVA Verlag, Porschestraße 2, 87437 Kempten

Der Hindelanger Klettersteig

Der Hindelanger Klettersteig ist nur etwas für schwindelfreie und ausdauernde Bergsteiger!

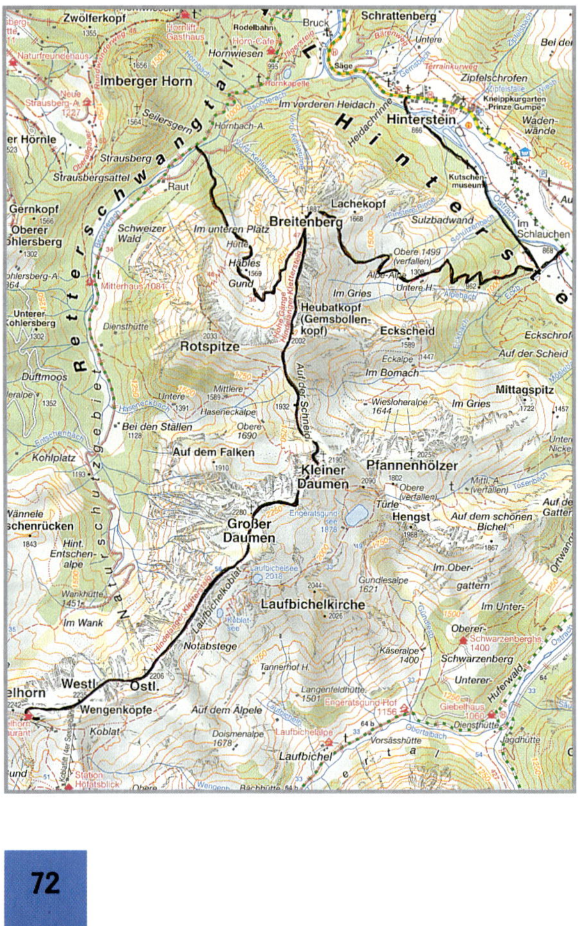

Beste Jahreszeit:

Juli bis Oktober.

Allgemeines:

ACHTUNG, wer den Hindelanger Klettersteig machen will, muß Erfahrung im steilen Felsgelände und eine sehr gute Ausdauer haben. Des weiteren muß das Wetter sicher sein. Möglichst keine Kinder unter 16 Jahren mitnehmen, ihnen fehlen häufig die Kraftreserven, die man am Klettersteig mobilisieren muß. Die Tour ist wunderschön, muß aber absolut ernst genommen werden. Es empfiehlt sich ein leichtes Sicherungsseil bzw. Klettergurt mit Selbstsicherung und einen Steinschlaghelm mitzunehmen. Konzentriert gehen! Ge-

nügend Brotzeit und Getränke dabei haben!

Der Wegverlauf: Üblicherweise überwindet man die Höhenmeter bis kurz vor dem Einstieg mit Hilfe der Nebelhorn-Bahn, was man angesichts des langen Weges verstehen kann. Man sollte dann aber die allererste Bahn am Morgen nehmen. Ab der Gipfelstation wendet man sich östlich hinüber zum nahen Einstieg, der gleich mit einer Leiter beginnt. Leider trennt diese nicht alle Spreu vom Weizen, so daß manchmal oben am Grat ein paar Leute stehen, die dort eigentlich nicht hingehören. Vom westlichen Wengenkopf führt der Klettersteig über den stark gegliederten Grat der Wengenköpfe in nordöstliche Richtung zum steilen östl. Wengenkopf. Dabei sind eine Reihe kleinere, aber steile Ab-

und Anstiege zu machen, die teilweise mit Tritten und Seilen gesichert sind. An einer Stelle gibt es ein Felsenfenster, durch das der nördlich liegende Grünten hereinschaut. Etwa nach 2 1/2 bis 3 Std. erreicht man nach einem Steilabstieg den Weg, der durchs Koblat kommt und zum Großen Daumen führt. Entweder kehrt man jetzt um und geht zum Nebelhorn auf diesem Weg zurück, oder man steigt über den Großen Daumen nordöstlich zum Kleinen Daumen und von diesen auf seiner Nordseite steil ab zur „Schneide", einem schmalen Grat zwischen dem Retterschwanger- und dem Ostrachtal. Der nördlich liegende Gemsbollenkopf (Heubatspitze) wird überschritten, dann folgen die Hohen Gänge zum Breitenberg mit steilen Felspassagen (Leiter, Seilsicherungen). Vor dem Gipfel des Breitenbergs kann man entweder links über die Alpe Häbelesgund, oder nach rechts über die Alpe Alp zu Tal steigen.

Notabstiege sind ins Koblat möglich bei der großen Leiter nach dem östlich. Wengenkopf und auf Höhe des Laufbichlsees.

Ausgangsorte	Oberstdorf, Nebelhornbahn-Gipfelstation (2224 m)
Zielort	entweder Unterbrechung vor dem Großen Daumen und Rückkehr zum Nebelhorn oder Fortsetzung bis Hindelang-Bad Oberdorf (Ostrachbrücke) oder Bruck
Stützpunkte	Horn Café (allerdings erst sehr spät beim Abstieg)
Höhenunterschied	ca. 400 m bis 500 m bergauf, ca. 1300 m bergab
Zeitaufwand	vom Nebelhorn bis Breitenberg-Gipfel ca. 7 Std., weiterer Abstieg nach Hindelang - Bad Oberdorf 2 Std.
Wander-Karte	Zumsteinkarte Nr. 3 Hindelang, Maßstab 1:35 000 AVA Verlag, Porschestraße 2, 87437 Kempten

Wer sich in den Hindelanger Klettersteig wagt, wird mit grandiosen Aussichten belohnt

Tour 32

Hochgrat (1834 m)

Beste Jahreszeit:
Mitte Juni bis Ende Oktober.

Allgemeines:
Weil der Hochgrat durch eine Bahn erschlossen ist, kann man sehr schöne und weite Wanderungen machen. Die meisten werden wohl die Bahn benutzen. Ihnen stehen dann noch alle Kräfte zur Verfügung. Die Nagelfluhkette ist sowohl geologisch wie vor allem im Frühsommer auch botanisch sehr lohnend. Die Aussicht auf der Strecke Hochgrat – Stuiben ist berühmt. Bei dieser Strecke ist Ausdauer erforderlich!
Aufstieg von Lanzenbach (Straße Oberstaufen – Steibis) entweder mit der Bahn und dann markiert zum Gipfel oder auf einem Alpweg vom Parkplatz Richtung Untere Lauchalpe, dann links ab auf Weg 189 a zur Oberen Lauchalpe und steiler hinauf zur Bergstation und zum Gipfel.

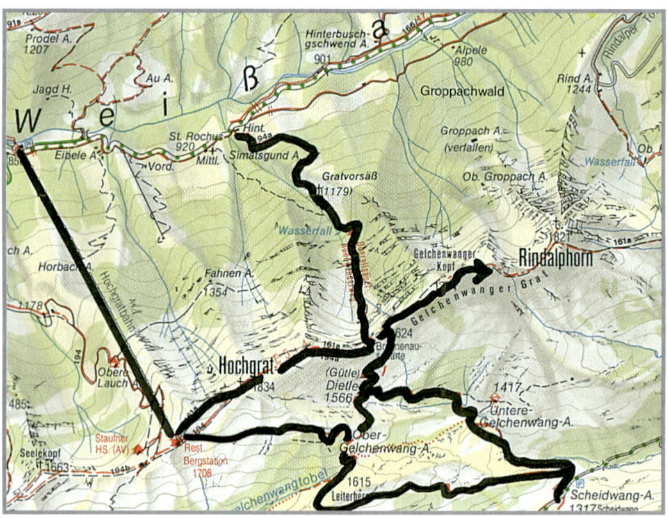

Von Scheidwang (mautpflichtig ab Gunzesr. Säge) markiert zur Oberen Gelchenwang Alpe und weiter auf den Grat westlich des Gipfels. Alternativ von Scheidwang zur Brunnenauscharte (1624 m) und von Osten zum Gipfel hinauf.
Überquerung zum Stuiben: vom Gipfel östlich zur Brunnenauscharte (E5

Der Hochgrat, vom Seelekopf aus betrachtet

+ E4, 162 a), weiter auf das Rindalphorn (1821 m), über die Gündlesscharte auf den Gündleskopf (1784 m), Buralpkopf (1772 m), Sedererstuiben (1737 m) und Stuiben (1749 m). Abstieg über Mittelberg und Almagmach nach Immenstadt.

Ausgangsorte	Steibis-Lanzenbach (830 m), Alpe Scheidwang (1317 m) im hintersten Gunzesrieder Tal
Zielort	entweder wie Ausgangsort oder Überschreitung Lanzenbach/ Scheidwang oder nach Immenstadt (Überschr. Nagelfluhkette)
Stützpunkte	Bergstation Hochgratbahn (1730 m), Staufner Haus, Obere Lauchalpe, Untere Lauchalpe (Nords.), Nagelfluh-Überschreitung: Gundalpe (1502 m), Alpe Mittelberg (1368 m), Almagmach (1145 m) Alpe Scheidwang (1317 m), Gh. Gunzesrieder Säge (915 m) (Süds.)
Höhenunterschied	ab Lanzenbach 1000 m, ab Bergstation ca. 100 m, ab Scheidwang ca. 500 m; Überschr. Hochgrat-Stuiben ca. 400 bis 500 m
Zeitaufwand	Lanzenbach - Gipfel (ohne Bahn) 2 1/2 bis 3 Std., ab Scheidwang 2 Std., Überschreitung nach Immenstadt ab Gipfel ca. 7 bis 9 Std.
Wander-Karte	Zumsteinkarte Nr. 6 Immenstadt - Sonthofen, Maßstab 1:30 000 AVA Verlag, Porschestraße 2, 87437 Kempten

Tour 33

Hochvogel (2593 m)

Beste Jahreszeit:
Anstieg von Süden 3 bis 4 Wochen früher möglich (Juni bis Oktober).

Allgemeines:
Zwar ist der Hochvogel nicht der höchste, wohl aber einer der ausgeprägtesten Gipfel. Zwei Steiganlagen, von Norden und von Süden, erleichtern den Anstieg für den „normalen" Berggeher. Die Aussicht vom Gipfel dieses dem alpinen Kalk zugehörenden Gipfels ist bemerkenswert. Bei entsprechender Vorsicht können durchaus auch Kinder ab etwa 14 Jahren mitgenommen werden.

Aufstieg von Hinterhornbach: auf bez. Weg beim Wirtshaus rechts (nördlich) hinauf, zuerst durch Wald, dann über freies Alpgebiet zur Schwabegg Alpe (1700 m), ca. 1 1/2 Std. Nun weiter

Majestätisch erhebt sich der Hochvogel

bis P. 1977, wo sich der Weg teilt: rechts ab führt er zum Fuchsensattel und weiter durch das Fuchskar zum Prinz-Luitpold-Haus, links biegt der sog. „Bäumenheimer Weg" ab, der allerdings nicht in jeder Karte richtig verzeichnet ist. Da er jedoch deutlich und stellenweise bez. ist, macht dies nicht so viel aus. Fast eben quert man das ganze Roßkar und steigt dann über Schrofen und Geröll über die P. 2253 und 2412 auf den Südrücken. An den Steilwänden führt die Route etwas rechts hinein in eine aus Richtung der Ostschulter herabziehende Rinne. Sie verläßt diese aber wieder und windet sich über Bänder und eine deutliche Rippe hinauf zum Gipfelkreuz. Diese Route ist besonders attraktiv, aber auch steinschlaggefährdet! Nur für Geübte!

Aufstieg vom Giebelhaus: zunächst auf dem Alpweg Bärgündeletal südwärts, bei den Wasserfällen überschreitet man den Bach und ist gleich bei der Unteren Bärgündelealpe (1323 m). Nun weiter dem bez. Weg nach südöstl. über steile Alpweideflächen hinauf zur Oberen Bärgündele Alpe und zum Schluß etwas mühsam durch die vom Widemer herabziehende Schuttreiße zum Prinz-Luitpold-Haus (1 1/2 Std.).

Auf bez. Steig hinauf zur Kreuzspitze, den Weg zur Balkenscharte-Fuchskar links liegen lassend. Über steile Stufen hinab zur Kaltwinkelscharte, 2282 m. Hier trifft man auf den ob seiner Vereisungsgefahr berüchtigten Aufstieg über den Kalten Winkel. Die senkrecht auftragende Westschulter wird auf der „Schnur" umgangen, einem Band das hinauf zu P. 2433 leitet. Von hier leicht zum Gipfel (mit Kreuzspitze ca. 3 Std.).

Überschreitung: Aufstieg wie beschrieben vom Prinz-Luitpold-Haus, danach Abstieg über den Bäumenheimer Weg, Querung nach Osten bis P. 1977 und Rückkehr zum Prinz-Luitpold-Haus über Fuchsensattel (oder umgekehrt). Man kann auch statt über die Kreuzspitze zu gehen den Normalaufstieg über den Kalten Winkel nehmen. (ca. 2 1/2 Std. ab Prinz-Luitpold-Haus).

Ausgangsorte	Hinterhornbach (1100 m), Hinterstein-Giebelhaus (1100 m)
Zielort	am besten jeweils zurück
Stützpunkt	Prinz-Luitpold-Haus, bewirtschaftet (1846 m)
Höhenunterschied	Hinterhornbach-Gipfel ca. 1500 m! Giebelhaus-Prinz-Luitpold-Haus ca. 750 m, Prinz-Luitpold-Haus - Gipfel ca. 750 m
Zeitaufwand	von Hinterhornbach über Bäumenheimer Weg ca. 4 Std., über Fuchsensattel ca. 5 bis 5 1/2 Std., Giebelhaus - Prinz-Luitpold-Haus 2 Std., weiter zum Gipfel ca. 2 1/2 bis 3 Std.
Wander-Karte	Zumsteinkarte Nr. 3 Hindelang, Maßstab 1:35 000 AVA Verlag, Porschestraße 2, 87437 Kempten

Tour 34

Hoher Ifen (2230 m)

Beste Jahreszeit:
Von der Ifenhütte wegen Schneelage in der Ifenmulde etwa ab Juli, von Süden her 3 Wochen früher.

Allgemeines:
Der Hohe Ifen sowie seine unmittelbare Umgebung im Norden, das sogen. Gottesackerplateau, gehören geologisch der Helvetischen Kreide an. Das Gebiet ist eines der interessantesten Bayerns, so daß sich schon wegen der erodierten Kreideformationen eine Begehung lohnt. Der Ifen selbst stürzt mit senkrechten Mauern ab und liegt wie eine schiefe Burg auf seinem Untergrund.
Aufstieg von der Auenhütte: Auffahrt mit der Sesselbahn zur Ifenhütte (1592 m).

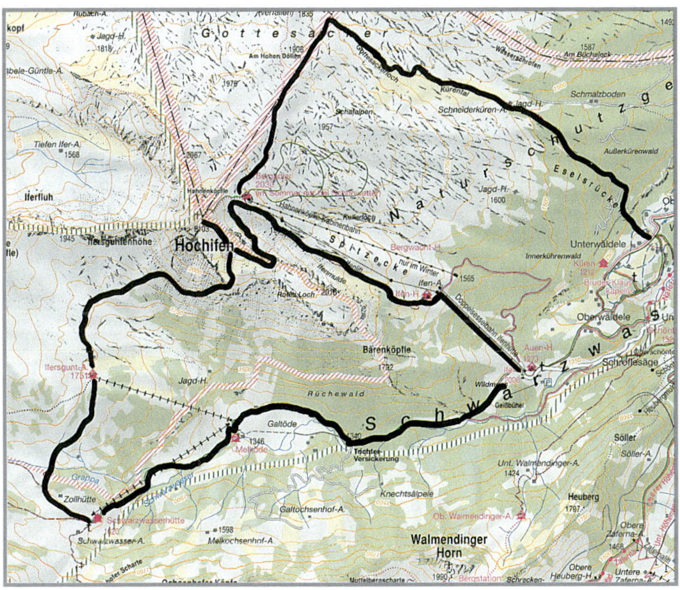

Von da westlich steil über Weideböden zur Ifenmulde hinauf, die sich nördlich der Ifenmauer bis zum Hahnenköpfle erstreckt. Nun am nördlichen Rand der Mulde auf bez. Serpentinen-Weg hinauf. Durch die scheinbar abweisende Felsmauer führt nach schräg links ein drahtseilgesicherter Weg zum Plateau empor. Hier rechts-

Der Hohe Ifen

haltend über die schrägen Grasflächen hinauf zum Gipfel.

Von der Schwarzwasserhütte: Zunächst geht es von der Auenhütte (hier großer Parkplatz) in südwestlicher Richtung auf bez. breitem Weg in das Schwarzwassertal hinein. Weiter geht es nur unwesentlich bergauf. Hinter der Melködenalpe auf steilem Weg zu der etwa 300 m höher gelegenen Schwarzwasserhütte (bewirtschaftet). Nun auf teilweise bez. Steig in allgemeiner Nordrichtung zum gegenüberliegenden Ifen. Zuerst über Weideböden hinauf zur Ifersguntalpe, weiter in einem weiten Bogen durch die Geröllhalden, die sich südlich vom Ifen herabziehen bis zu einer großen, leicht zu ersteigenden Bresche in der sonst steilen Südwand des Ifens. Nach dieser drahtseilgesicherten Passage führt der Weg über steiles Grasgelände zum Gipfel.

Eine Variante für den Abstieg: Vom Ifengipfel zurück zum Hahnenköpfle (Bergrestaurant, bew.) und dort auf bez. Steig über das nördlich anschließende wunderbare Gottesackerplateau bis zum tiefsten Punkt vor den Gottesackerwänden. Hier östlich hinab über die Schneiderkürenalpe durch das Kürental zum Ortsteil Wäldele und zurück zur Auenhütte (langer Abstieg. Gehzeit 3 1/2 Std.

Das Ifen-Gebiet wird auch im Winter gerne von Wintersportlern aller Art besucht. Die Ifen-Bergbahnen bieten einen reizvollen Winterwanderweg auf 2000 m, der auch älteren Fußgängern die hochalpine Umgebung zugänglich macht.

Blick auf die schön gelegene Schwarzwasserhütte mit Ifen

Ausgangsorte	Riezlern im Kleinwalsertal, Auenhütte (1280 m), Schwarzwasserhütte (1650 m)
Zielort	desgleichen, auch Überschreitung von der Auenhütte zur Schwarzwasserhütte empfehlenswert
Stützpunkte	Schwarzwasserhütte, bewirtschaftet (1650 m)
Höhenunterschied	ab Bergstation Ifenhütte bis Gipfel ca. 630 m, ab Schwarzwasserhütte ca. 600 m
Zeitaufwand	von Ifenhütte 2 Std., von Schwarzwasserhütte 2 1/2 Std.
Wander-Karte	Zumsteinkarte Nr. 5 Kleinwalsertal, Maßstab 1:25 000 AVA Verlag, Porschestraße 2, 87437 Kempten

Tour 35

Imberger Horn (1656 m)

Beste Jahreszeit:
Juni bis Oktober.

Allgemeines:
Eine schöne Familienwanderung, auch noch für den Nachmittag geeignet. Unschwierig, mit schöner Aussicht vom Gipfelkreuz. Überschreitung zum Strausbergsattel empfohlen. Blick auf Rotspitze, und Breitenberg gegenüber und ins Retterschwangertal eindrucksvoll.
Aufstieg v. Hindelang: Ab Parkplatz Hornbahn auf bez. Steig, z.T. steil bis zur Bergstation. Dort rechts ab (Oberallgäuer Rundwanderweg, 7 d, 12 b) und nach einiger Zeit an der NW-Seite des Gipfels links in steilem Aufstieg über die Ostseite zum Gipfelkreuz. Gleicher Weg bei Benutzung

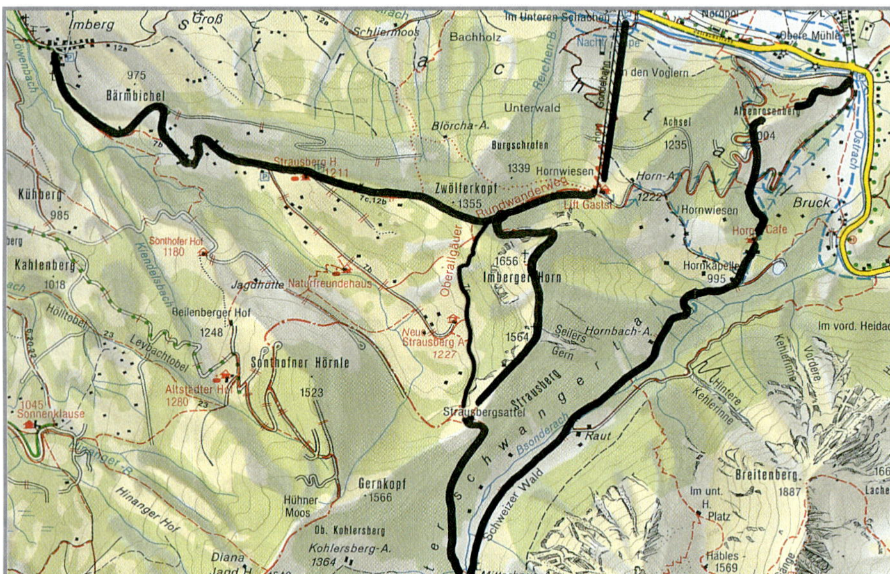

der Sesselbahn ab Bergstation.
Von Imberg: Auf dem Alpweg über den Strausberg, mit Abkürzungen einzelner Kurven zur Strausberg Hütte, dort östlich durch Wald zur Kreuzung mit dem o.a. Rundwanderweg. Diesen links ab bis zum gleichen Aufstieg wie von Hindelang.
Abstieg: Vom Gipfelkreuz über den langen Grat nach Süden zum Strausbergsattel hinab. Von dort entweder rechts ab über die Strausbergalpe nach Hindelang oder links hinter zum Mitterhaus.
Vom Strausbergsattel kann man auch einen Pfad, später einen Alpweg, zur Alpe Sonthofer Hof benutzen. Unterhalb dieser Alphütte führt ein interessanter Weg durch den Löwenbachtobel zurück auf die Straße nach Imberg.

Ausgangsorte	Hindelang (825 m), Imberg (900 m)
Zielort	Überschreitung von einem Ausgangsort zum anderen, alternativ Abstieg über den Strausbergsattel ins Rettenschwangertal und zurück nach Bad Oberdorf - Hindelang
Stützpunkte	Strausberg Hütte (1211 m), Neue Strausberg Alpe (1227 m), auf der SW-Seite, Gaststätte Gletscherspalte (ca. 1300 m), Mitterhaus (1081 m), Horn Café
Höhenunterschied	ab Hindelang 830 m, ab Bergstation Sesselbahn ca. 350 m, ab Imberg 750 m
Zeitaufwand	ab Parkplatz Hindelang 2 1/2 bis 3 Std., ab Bergstation Sessellift 1 bis 1 1/4 Std., ab Imberg 2 1/2 Std.
Wander-Karte	Zumsteinkarte Nr. 3 Hindelang, Maßstab 1:35 000 AVA Verlag, Porschestraße 2, 87437 Kempten

Tour 36

Kemptener Hütte – Prinz-Luitpold-Haus

Beste Jahreszeit:
Juli bis September.

Allgemeines:
Sehr schöne, aussichtsreiche und stellenweise botanisch interessante Höhenwanderung, die entsprechende Kondition verlangt, aber nicht schwer ist. Abstiegsmöglichkeiten unterwegs: vom Kreuzeck nach Spielmannsau (schwierig), vom Seichereck nach Gerstruben, vom Wildenfeld zum Oytalhaus, von der Schönberg-Alpe zum Giebelhaus.
Route: Von der Kemptener Hütte (1845 m) zunächst Richtung Mädelejoch ansteigend, dann nach Osten abbiegend im weiten Bogen unter dem Muttler und den Krottenspitzen hinauf auf den Fürschießersattel, 2207 m (1 1/2 Std). Jenseits steil in Kehren hinab ins „Märzle", das weit in den Sommer hinein mit Schnee angefüllt sein kann. Nun den Rücken ansteigend aufs Kreuzeck (2374 m, 1 Std.). Hier biegt nach links der Bettlerrücken ab, über den dann Schwindelfreie hinab ins Traufbachtal gelangen können. Vom Kreuzeck zum Rauheck (2384 m) nur wenig Höhenverlust. Botanisch interessant! Vom Rauheck biegt der Weg nach Nordwesten abwärts bis P. 2044-Seichereck (Trittsicherheit erforderlich). Hier scharf rechts zum Eissee hinab (1829 m) und weiter unter den NW-Wänden der Wilden hindurch zum Wildenfeldhüttchen (1695 m). Notunterstand. Abzweigung ins Oytal, Einkehr in Käseralpe möglich. Jetzt die Geröllhalden des Großen Wilden nach Nordosten bis zum Mitteleck (1822 m), zu dem von links herauf der Gaisbachtobelweg kommt.
Vom Mitteleck geht es steil weiter nordwestlich bis zum Himmeleck hinauf (2004 m). Von hier aus herrlicher Blick auf die Höfats! Am Himmeleck gabelt sich der Weg. Links ab geht es zum Laufbacher Eck und zum Nebelhorn, rechts hinunter über Grashänge zur Schönberghütte. Kurz danach zweigt der Weg links hinab zum Giebelhaus. Eine Abkürzung der

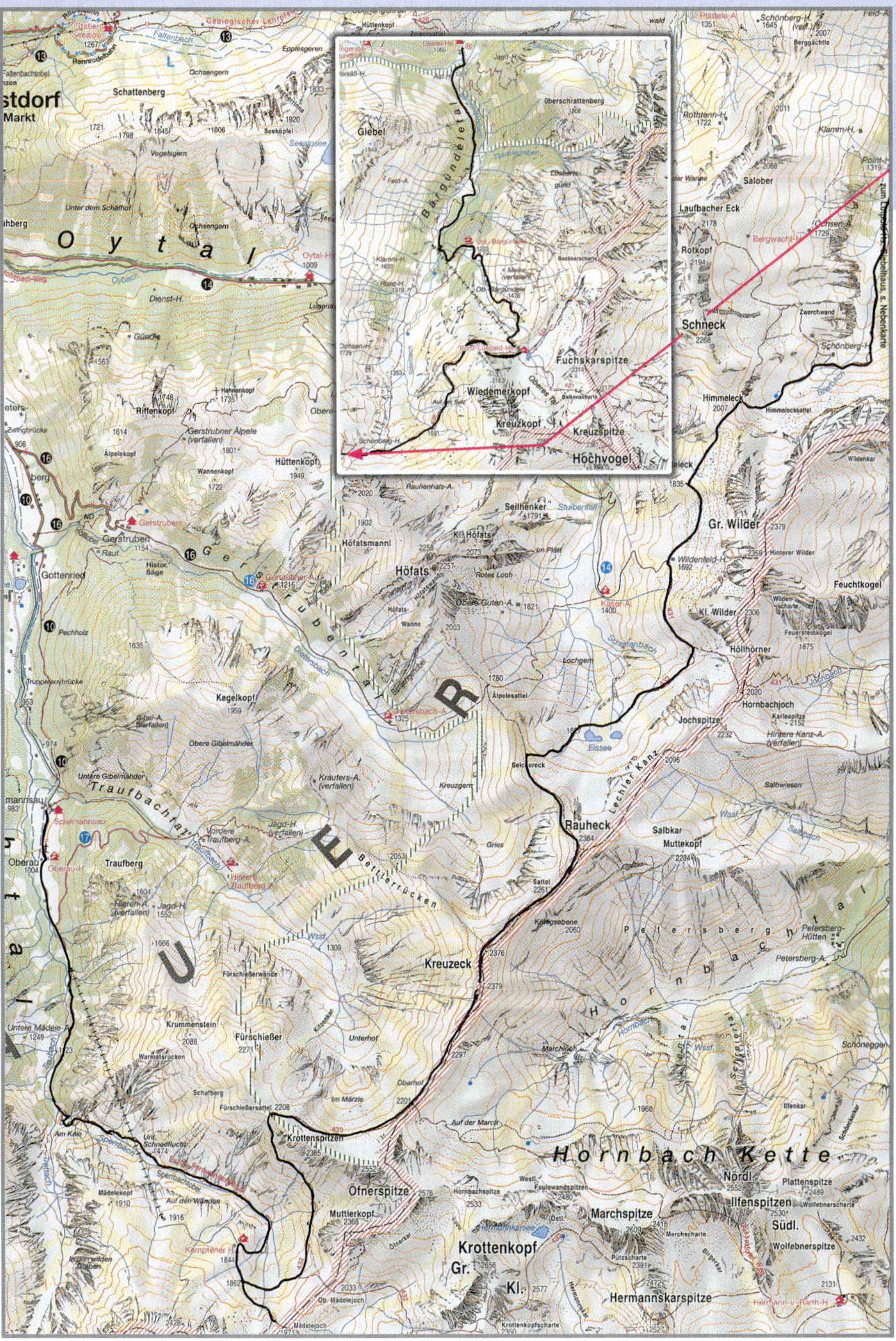

Oytal
Schattenberg
Geologischer Lehrpfad
Giebel
Bärgündletal
Oberschrattenberg
Fuchskarspitze
Wiedemerkopf
Kreuzkopf
Kreuzspitze
Hochvogel
Schneck
2268
Himmeleck
2007
Laufbacher Eck
Rotkopf
Salober
Gr. Wilder
2379
Kl. Wilder
Höllhörner
Feuchtkogel
Hornbachjoch
Jochspitze
Riffenkopf
Hüttenkopf
Höfatsmannl
Höfats
Seilhenker
Gerstruben
Gerstrubental
Gottenried
Kegelkopf
Älpelesattel
Eissee
Lechler Kanz
Rauheck
2384
Salbkar
Muttekopf
Traufbachtal
Traufberg
Bettlerrücken
Kreuzeck
2376
2379
Petersberghtal
Hornbachtal
Krummenstein
Fürschießer
Fürschießersattel
Krottenspitzen
Öfnerspitze
Muttlerkopf
Hornbach Kette
Marchspitze
Krottenkopf
Gr.
Kl.
Hermannskarspitze
Kemptener H.
Mädelejoch
ALLGÄUER

Auf dem Weg von der Kemptener Hütte zum Prinz-Luitpold-Haus

Tour ist von hieraus möglich. Weiter zum tiefsten Punkt des Weges bei Punkt 1597. Jetzt durch den weitläufigen Kessel mit steilen Grashalden und durch Erlengebüsch schließlich zur Geröllhalde unterhalb des Wiedemer. Wir wandern nordwestlich um diesen herum, der uns, steil ansteigend, hinauf zum Prinz-Luitpold-Haus (1846 m) führt. Abstieg von dort zum Giebelhaus über die Bärgündle Alpen. Bustransfer vom Giebelhaus bis nach Hinterstein. Von dort gelangt man weiter nach Hindelang, Oberjoch und Sonthofen.

Variante: Vom Rauheck aus besteht die Möglichkeit zum Älpele Sattel abzusteigen und von dort weiter zur Käseralpe zu gehen.

Ausgangsorte	Oberstdorf-Spielmannsau (983 m) - Kemptener Hütte (1845 m)
Zielort	Prinz-Luitpold-Haus - Giebelhaus - Hinterstein (1066 m)
Stützpunkte	Kemptener Hütte (1845 m), Prinz-Luitpold-Haus (1846 m), Giebelhaus (1066 m), Oytalhaus (1010 m), Käseralpe (1400 m)
Höhenunterschied	Spielmannsau - Kemptener Hütte ca. 850 m, von Hütte - Fürschießersattel ca. 400 m, weiter bis Prinz-Luitpold-Haus ca. 250 bis 350 m
Zeitaufwand	von Kemptener Hütte bis Prinz-Luitpold-Haus ca. 6 1/2 bis 7 Std.
Wander-Karte	Zumsteinkarte Nr. 4 Oberstdorf, Maßstab 1:30 000 AVA Verlag, Porschestraße 2, 87437 Kempten

Kratzer (2428 m)

Beste Jahreszeit:
Juli bis Anfang Oktober.

Allgemeines:
Im Allgäuer Hochalpenkamm gelegen bietet dieser Hauptdolomitgipfel den

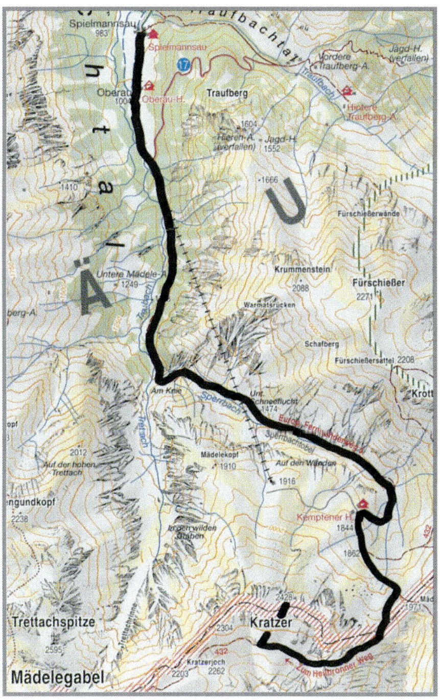

Anblick von einer zerborstenen Burg. Vom Tal aus sind seine drei Gipfel ein Wahrzeichen von Oberstdorf. Von der Südseite sieht man die Trümmer einer fortdauernden Erosion bis weit über den Heilbronner Weg verstreut. Sein kreuzgeschmückter Hauptgipfel ist nicht allzuschwierig zu erreichen, wenngleich der Weg von Oberstdorf nach Spielmannsau und weiter über die beliebte Kemptener Hütte bis hinauf sehr weit ist und absolute Kondition verlangt. Natürlich kann man beim Abstieg auf der Hütte übernachten und hat somit den Druck weg, noch bis ins Tal zu müssen. Die Übernachtung empfiehlt sich auf jeden Fall, wenn man den ganzen Heilbronner Weg machen möchte. Freilich kann der Ausdauernde vom Kratzer noch weiter bis zur Rappensee-Hütte gehen!

Aufstieg: Nach Spielmannsau geht's entweder mit dem Stellwagen, per Fahrrad oder zu Fuß. Ab Parkplatz Renksteg sollte man 1 1/2 bis 2 Std. rechnen, bis man sich auf den langen Aufstieg über die Alpe Oberau, durch den atemberaubenden Sperrbachtobel zu den Weiden der Oberen Mädelealpe mit der Kemptener

Von der Hütte folgt man dem Weg zum westlichen Mädelejoch. Ab hier führt er als Heilbronner Weg nach Westen aufwärts. Genau südlich des Kratzers findet man Steigspuren, die auf den unweit liegenden Gipfel führen. Man kann aber auch weglos ein Kar nach oben steigen und sich am Grat nach links zum Hauptgipfel wenden. Achtung, auf Steinschlag achten!

Hütte machen kann. Dieser Aufstieg ist nie langweilig, er führt unten durch Wald, dann über eine Hochstaudenflora in den engen Sperrbachtobel, der im Winter von Lawinen zugeschüttet wird, deren Reste oft auch im Sommer noch zu sehen sind.

Ausgangsorte	Oberstdorf-Spielmannsau (983 m)
Zielort	desgleichen, Abstieg auch ins Lechtal oder Übergang zur Rappensee-Hütte oder zum Prinz-Luitpold-Haus möglich
Stützpunkte	Kemptener Hütte (1844 m)
Höhenunterschied	von Spielmannsau 1445 m!
Zeitaufwand	Spielmannsau - Kemptener Hütte 2 1/4 Std., Hütte Gipfel 2 Std.
Wander-Karte	Zumsteinkarte Nr. 4 Oberstdorf, Maßstab 1:30 000 AVA Verlag, Porschestraße 2, 87437 Kempten

Mittag - Steineberg - Stuiben

Beste Jahreszeit:
nordseitig ab Mitte Juni, südseitig oft schon ab Mitte Mai.

Allgemeines:
Eine der beliebtesten Touren in den Allgäuer Vorbergen! Dank der Sesselbahn auf den Mittag auch leicht durchzuführen. Im Frühsommer bietet der Weg eine Fülle von botanischen Sehenswürdigkeiten, denn der Nagelfluhfelsen ist als Unterlage für einige Alpenblumen sehr gut geeignet. Die Tour wird wegen ihrer Aussicht manchmal als „Kleiner Heilbronner Weg" bezeichnet.

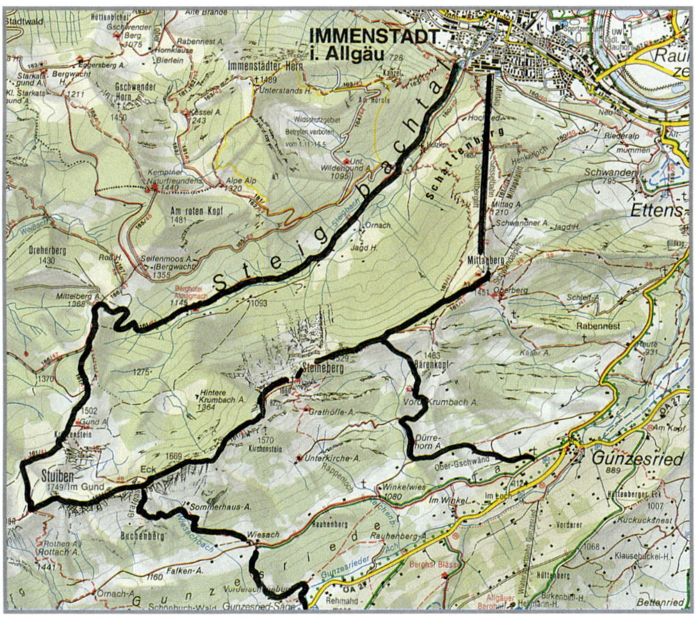

Von Immenstadt mit der Sesselbahn zur Bergstation (1x umsteigen), dann allgemeine Westrichtung halten. Zunächst zum Sattel beim Bärenköpfle (hier

wurde einer der letzten Bären des Allgäus geschossen), dann auf stets deutlichem Pfad am Waldrand (rechts Abstürze ins Steigbachtal), später über einige Serpentinen bis zur Mauer des Steineberggipfels. Kreuz schon sichtbar! Der direkte Anstieg über eine Rinne ist sehr schwierig! Man wendet sich nördlich der Mauer etwa 150 Meter nach Westen, bis sie einfach erstiegen werden kann. Dann muß man, um zum Gipfelkreuz zu gelangen, sich wieder nach Osten zurückwenden (ca. 5 Minuten Gehzeit). Vom Gipfelkreuz, 1683 m, hat man eine sehr schöne Aussicht in das romantische Illertal.

Nun nach Westen zurück, und auf manchmal versichertem Steig, insgesamt einfach, in Richtung auf den sichtbaren Stuiben. Dabei geht es einige Höhenmeter bergab. Von der tiefsten Stelle dann allgemeiner Aufstieg am Grat, zuletzt sehr steil durch eine Rinne (Versicherung) zum Gipfel des Stuiben (1749 m). Sein Name kommt von Stieben = Stauben oder von Steiber = Pfeiler. Auf dem Gipfel (Rundumsicht!) eine Rundtafel mit markierter Aussicht.

Abstieg zunächst westwärts Richtung Sedererstuiben, dann nach rechts drehend über Alpweiden zur Mittelbergalpe, dann auf Fahrweg bis Almagmach und nach Immenstadt. Abstecher zur Gund Alpe möglich.

Aufstieg **von der Gunzesrieder Säge** (Parkplatz vor dem Ort) in etwa 2 Std. auf bezeichnetem Weg nordwestlich über Wiesen und die Sommerhaus Alpe in die Gratgasse. Von hier aus geht es links steil eine versicherte Rinne hinauf zum Stuiben-Gipfel. In der Gratgasse trifft man auf den Weg vom Steineberg.

Ausgangsorte	Immenstadt (735 m), Gunzesried-Säge (900 m)
Zielort	desgleichen
Stützpunkte	Mittag Bergstation (1451 m), Alpe Gund (1500 m), Alpe Mittelberg (1368 m)
Höhenunterschied	b. Benutzung der Mittag-Schwebebahn insg. ca. 400 m, sonst ca. 1000 m, ab Gunzesried-Säge ca. 900 m
Zeitaufwand	Mittag-Gipfel (Sessellift-Bergstation) - Steineberg ca. 1 1/2 Std., weiter bis Stuiben ca. 1 1/2 Std., Abstieg nach Immenstadt 2 1/2 Std., Gunzesried über Alpe Vorderkrumbach zum Bärenköpfle 1 1/2 Std. oder direkt zum Steineberg über Alpe Steineberg ca. 2 Std. Aufstieg von Gunzesried-Säge in 2 bis 2 1/2 Std. zum Stuiben
Wander-Karte	Zumsteinkarte Nr. 6 Immenstadt, Maßstab 1:30 000 AVA Verlag, Porschestraße 2, 87437 Kempten

Tour 39

Neunerköpfle (1862 m)

Beste Jahreszeit:
Mitte Mai bis Ende Oktober.

Allgemeines und Aufstiege:
Natürlich kann man auch mit der Sesselbahn hinaufschweben und die letzten 10 Minuten den Gipfel „stürmen". Aber ich rate den umgekehrten Weg. Man folgt vom Parkplatz der Sesselbahn einem Weg auf halber Hanghöhe nach Süden, er biegt dann links ab und führt in vielen Kehren östlich hinauf, reizvoll durch Wald, an Tobeln vorbei und immer abwechslungsreich. Der Abzweig zur Hubertus-Hütte ist gekennzeichnet. Man folge aber weiterhin dem Wegweiser „Usser-Alpe", kommt dabei entlang dem Usseralpbach, zum Schluß etwas steiler zur Usser-Alpe, bei der man ebenfalls einkehren kann. Der Weiterweg zieht sich durch Alpweiden hinauf auf den Grat, den man südlich des Vogelhörnles erreicht. Nun sind es nur noch wenige Schritte hinüber zum Neunerköpfle, wo man in der Gundhütte nochmals einkehren kann. Den Abstieg nach Tannheim sollte man dann der Bahn „überlassen".

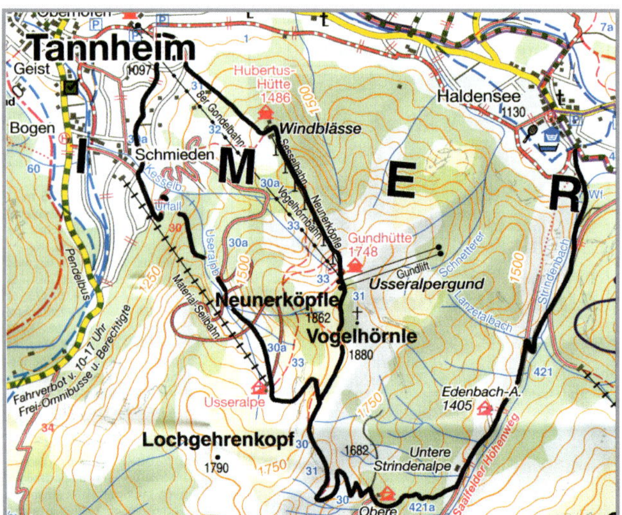

Die Wanderung ist leicht und familiengerecht, die Aussicht vom Gipfel des Neunerköpfles in das Tannheimer Tal und die ringsum aufragenden Berge bemerkens- und lohnenswert.

Blick von der Usser-Alpe auf das Neunerköpfle

Ausgangsorte	Tannheim (1097 m) im Tannheimer Tal
Zielort	desgleichen, ggf. auch Abstieg nach Haldensee (1130 m) möglich
Stützpunkte	Hubertus-Hütte (1486 m), Gundhütte (1784 m), Usser-Alpe (ca. 1600 m)
Höhenunterschied	770 m (ohne Sesselliftbenutzung)
Zeitaufwand	über Usser-Alpe 2 bis 2 1/2 Std., über Hubertus-Hütte geringfügig kürzer
Wander-Karte	Zumsteinkarte Nr. 7 Tannheimer Tal, Maßstab 1:25 000 AVA Verlag, Porschestraße 2, 87437 Kempten

Ponten (2045 m)

Beste Jahreszeit:
nordseitiger Anstieg erst ab Juli, südseitiger ab Anfang/Mitte Juni.

Allgemeines:
Der Name soll von „bante" = der gebannte Berg kommen, wo kein Holz geschlagen werden darf.
Der Ponten stellt eine mächtige dreigipfelige Gestalt im Hauptkamm des alpinen Kalkes dar, nordwestlich vom Geißhorn gelegen.
Aufstieg von Schattwald: dieser Ort ist der erste gleich nach dem Grenzübergang vom Oberjoch her. Autoparkplatz. Allgemeine Routenrichtung ist Süd, der Weg ist ausgeschildert und leicht zu finden. Es geht das Tal zwischen Kühgundkopf zur

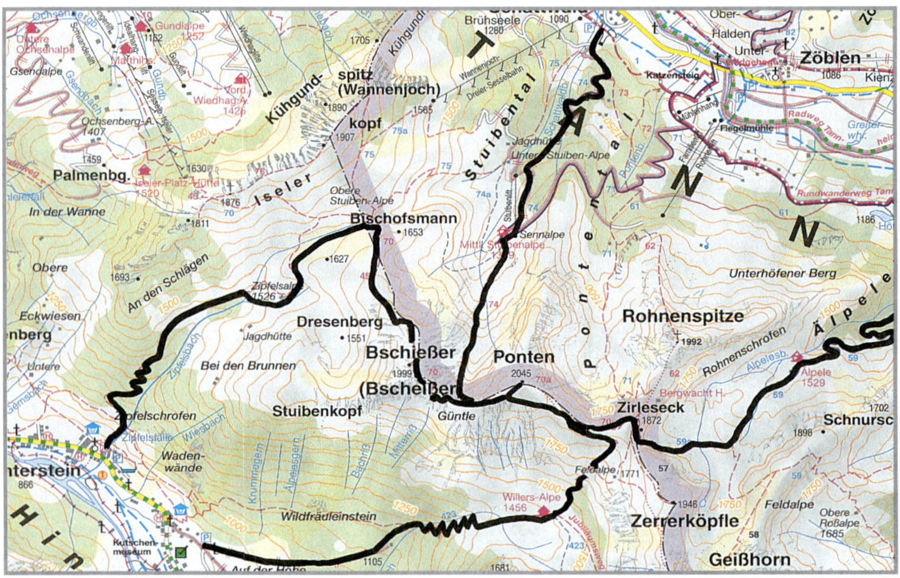

Der Ponten, vom Tannheimer Tal aus gesehen

Rechten und den nördl. Ausläufern des Ponten zur Linken entlang. Bis zur Stuibenalpe (1359 m) führt ein Alpweg, meist im Schatten. Unterhalb der Alphütte hört der Wald auf und der Weg führt dann über Alpweiden in den Sattel zwischen Bschießer und Ponten hinauf. Vom Sattel hat man eine gute Fernsicht nach Süden und ins Ostrachtal hinab. Nun links über einen mäßig steilen Grat, der ein Stück von Latschen gesäumt wird, hinauf bis zu einem der Gipfel. Das Kreuz steht, noch durch eine schmale Einkerbung getrennt, auf dem 2. Gipfel. Beim Hinüberqueren ist Vorsicht geboten, ausgesetzt!

Der Aufstieg von Hinterstein: An sich gibt es auch hier zwei Varianten. Entweder man folgt dem steil hochführenden Weg ab Mitte Hinterstein, der zur Zipfelsalpe geht (Wegweiser) und nimmt dann gleich den Bschießergipfel mit, oder man schlägt am Südausgang von Hinterstein (großer Parkplatz) den bez. Weg zur Willersalpe ein und gewinnt den Pontengipfel über das Zirleseck. Der Anstieg zur Willersalpe geht zunächst durch lichten Wald, später am Bach in Serpentinen aufwärts. Bei der Hütte sind schon 600 Höhenm. zurückgelegt! Unsere Route führt über steile Alpweideflächen in östl. Richtung zum Zirlesecksattel, hier oder schon davor links abbiegen, zuletzt durch schrofiges Gelände hinauf zum Gipfel (Pfad). Vom Zirleseck rechts weg geht es über das Geißeck zum südöstlich aufragenden Geißhorn.

Der Übergang von Schattwald nach Hinterstein unter Besteigung des Ponten sei empfohlen, sofern man eine Möglichkeit hat wieder zu seinem Auto zu kommen.

Ansonsten kann man den Ponten auch umrunden und kommt so zum Parkplatz nach Schattwald zurück: Aufstieg wie o.a. Abstieg zum Zirleseck, dann links und nördlich dem Pontental hinab bis Schattwald.

Ausgangsorte	Schattwald (1050 m) oder Hinterstein (835 m)
Zielort	desgleichen, evtl. Abstieg über Willersalpe nach Hinterstein oder über Zirleseck bis Tannheim
Stützpunkte	Stuibenalpe (1359 m) von Schattwald, Willersalpe, bewirtschaftet (1456 m), von Hinterstein
Höhenunterschied	von Schattwald ca. 1000 m, von Hinterstein ca. 1200 m
Zeitaufwand	von Schattwald 3 Std., von Hinterstein ca. 3 1/2 bis 4 Std.
Wander-Karte	Zumsteinkarte Nr. 3 Hindelang, Maßstab 1:35 000 AVA Verlag, Porschestraße 2, 87437 Kempten

Rottachberg (1116 m) Falkenstein

Beste Jahreszeit:
April bis Dezember.

Allgemeines:
Der Rottachberg ist ein beliebtes Wanderziel. Einmal ist er leicht zu ersteigen. Zum anderen gehen ihn Insider das ganze Jahr über. Bemerkenswert ist die Aussicht vom Gipfelkreuz am Falkenstein, der nach Norden senkrecht abbricht und einem Balkon gleicht. Geologisch ist der Rottachberg ein Nagel-

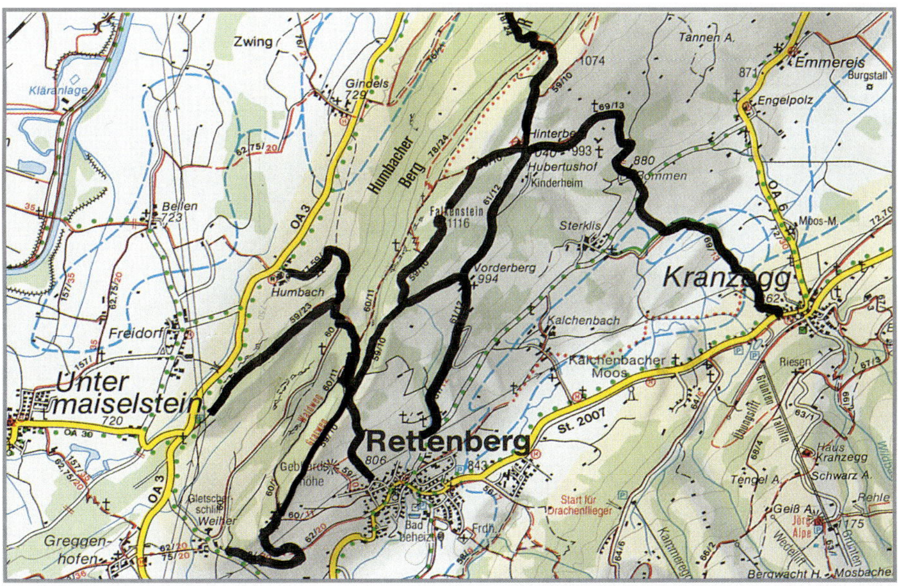

fluhhöhenrücken wie seine westlichen Nachbarn Mittag oder Immenstädter Horn und deren Fortsetzungen. Das Illertal liegt einem gleichsam zu Füßen und der Blick reicht von Immenstadt bis hinunter nach Kempten.

Aufstiege: Von Rettenberg folge man dem Weg nach Vorderberg und Hinterberg. Hier biegt man links ab (beschildert) und erreicht knapp 20 Minuten später den Gipfel, zuletzt am Grat im Walde wandernd. Als Abstieg kommt auch der westlich abwärts führende Steig nach Rettenberg (oder Vorderberg) in Frage.

Von Weiher nimmt man den östlich hinaufführenden Weg Richtung Rettenberg, biege dann aber nach dem ersten Anstieg links ab und folge dem „Gratweg" mit schöner Aussicht zum Gipfel. Eine andere Möglichkeit ist der Weg Nr. 60 lt. Karte, der auf der Nordseite des Rottachberges, zuletzt über den „Waldweg", zum Gipfel führt.

Aus Richtung Untermaiselstein kommend, lasse man den Wagen am Parkplatz nördlich der Felsenge stehen und wandere den markierten Weg (59/23 lt. Karte) nordseitig zum Gipfel.

Die Kranzegger Besucher gehen nach Sterklis, weiter nach Bommen und biegen links nach Hinterberg ab, von wo ein schöner Weg, wie bei „Rettenberg" beschrieben, zum Gipfel führt.

Ausgangsorte	Rettenberg (806 m), Weiher (750 m), Untermaiselstein (720 m), Kranzegg (862 m)
Zielort	verschiedene Abstiegsvarianten zu den einzelnen Orten möglich
Stützpunkte	unterwegs keine
Höhenunterschied	zwischen 250 m und 400 m
Zeitaufwand	1 1/2 bis 2 1/2 Std., je nach Ausgangsort
Wander-Karte	Zumsteinkarte Nr. 6 Immenstadt, Maßstab 1:30 000 AVA Verlag, Porschestraße 2, 87437 Kempten

Der Rottachberg, mit Gipfelkreuz am Falkenstein

Säuling (2047 m)

Beste Jahreszeit:
Anfang Juli bis Ende September.

Allgemeines:
Der Säuling ist ein sehr lohnendes Bergziel. Die Aussicht von seinem Doppelgipfel reicht weit in das Ostallgäuer Voralpenland mit seinen vielen Seen. Der Blick direkt in die nördliche Tiefe fällt auf die bekannten Königsschlösser.

Nach Süden reihen sich die Tiroler Berge aneinander. Westlich sieht man die Tannheimer Berge und im Osten sind es die Ammergauer Alpen, die zu weiteren Taten locken.

Aufstiege von Pflach: Nordöstl., jenseits der neuen Umgehungsstraße, liegt ein kleiner Parkplatz. Von diesem folgt man dem beschilderten und markierten Weg Nr. 28, zuerst über freies Gelände, später durch den Wald hinauf zum Säulinghaus. Dieses liegt wunderschön auf einem grünen Balkon unmittelbar unterhalb eines Felsriegels, durch den man dann in steilen, felsigen Serpentinen, teilw. mit Seilen gesichert, zur Schulter westlich des Gipfels gelangt. Von hier hat man erstmals einen Blick nach Norden in die wunderschöne Ostallgäuer Voralpenlandschaft. Weiter führt uns der Weg steil zum Gipfel mit Kreuz hinauf. Durch einen Grat verbunden liegt östlich davon der zweite Gipfel, nochmals neun Meter höher.

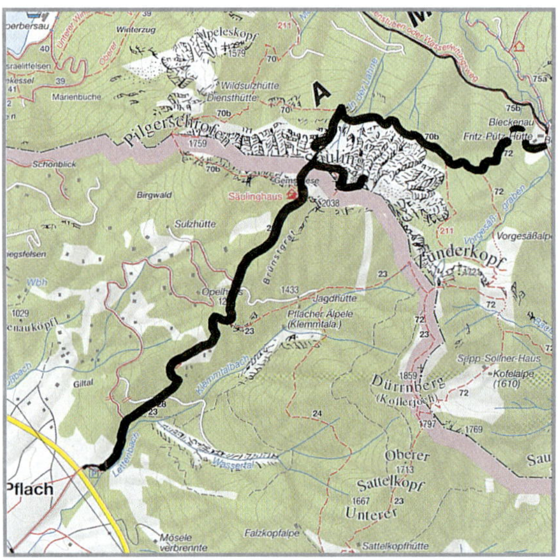

Der Säuling-Gipfel

Von Hohenschwangau kann man zur Bleckenau entweder zu Fuß über den Brunnenstubenweg, mit dem Bus oder mit einer Pferdekutsche gelangen. Gegenüber dem Gasthaus „Königshaus" liegt auf der westlichen Seite der Straße die DAV-Fritz-Putz-Hütte. An ihr vorbei steigt man auf einem bezeichneten Weg (Nr. 72) steil in Richtung Säuling aufwärts. Der Weg mündet weiter oben in einen dazu quer verlaufenden Weg mit der Nr. 70 b. Man folgt diesem rechts weg, d. h. nach Westen und quert dabei unter dem Säuling hindurch. Genau nördlich des Gipfels zweigt ein Steig links ab, der nun in steilen Serpentinen die Schulter an jener Stelle trifft, zu der man auch von Pflach heraufkommt.

Ausgangsorte	Pflach (840 m) in Tirol, Hohenschwangau-Bleckenau (1167 m)
Zielort	desgleichen oder Überschreitung möglich
Stützpunkte	Säulinghaus (1720 m) auf der Südseite, Gasthaus Königshaus (1167 m) in der Bleckenau
Höhenunterschied	ab Pflach 1207 m, ab Bleckenau 880 m
Zeitaufwand	von Pflach 3 bis 4 Std., von Bleckenau 2 1/2 bis 3 Std.
Wander-Karte	Zumsteinkarte Nr. 1 Füssen - Schwangau, Maßstab 1:30 000 AVA Verlag, Porschestraße 2, 87437 Kempten

Sonnenköpfe (1566 - 1833 m)

Beste Jahreszeit:
Ende Juni bis Oktober.

Allgemeines:
Die mit „Sonnenköpfen" bezeichneten Berge lösen sich bei näherem Hinsehen in einzelne Namen auf, wie oben bei Höhenunterschied angegeben. Sie bilden den östlichen Höhenzug, der das Illertal bis zum Quertal der Ostrach begleitet. Geologisch gehören die Sonnenköpfe dem Flysch an, also jener weichen Kreideschicht, die schon stark verwittert ist. Im Schnippenkopf erreicht der Höhenzug seine Kulmination mit 1833 m.
Eine Wanderung von Reichenbach bis Imberg gehört wegen der schönen Aussicht nach beiden Seiten (Illertal, Retterschwangertal) und wegen ihrer leichten Begehbarkeit zu den beliebtesten Familientouren.
Anzumerken wäre noch, daß die gleiche Route auch im Winter als Skitour zu machen ist, wobei man auch östlich ins Retterschwangertal abfahren kann.

Aufstieg ab Reichenbach: Man läßt das Auto am östlichen Ortsrand von Reichenbach stehen (Wegweiser: Gaisalpe) und folgt dem bez. Weg zuerst ein Stück über die Fahrstraße zur Gaisalpe, bald aber davon links abzweigend immer am orografisch linken Ufer des Gaisbaches durch den schönen Gaisbachtobel. 15 Minuten vor Erreichen der Gaisalpe trifft sich der Fußweg wieder mit dem Fahrweg. Gleichzeitig kommt man aus dem Wald heraus. Hinter dem Gebäude der bewirteten Geisalpe trennen sich zwei Wege: einer führt rechts hinauf zu den

Auf dem Weg vom Heidelbeer- zum Sonnenkopf

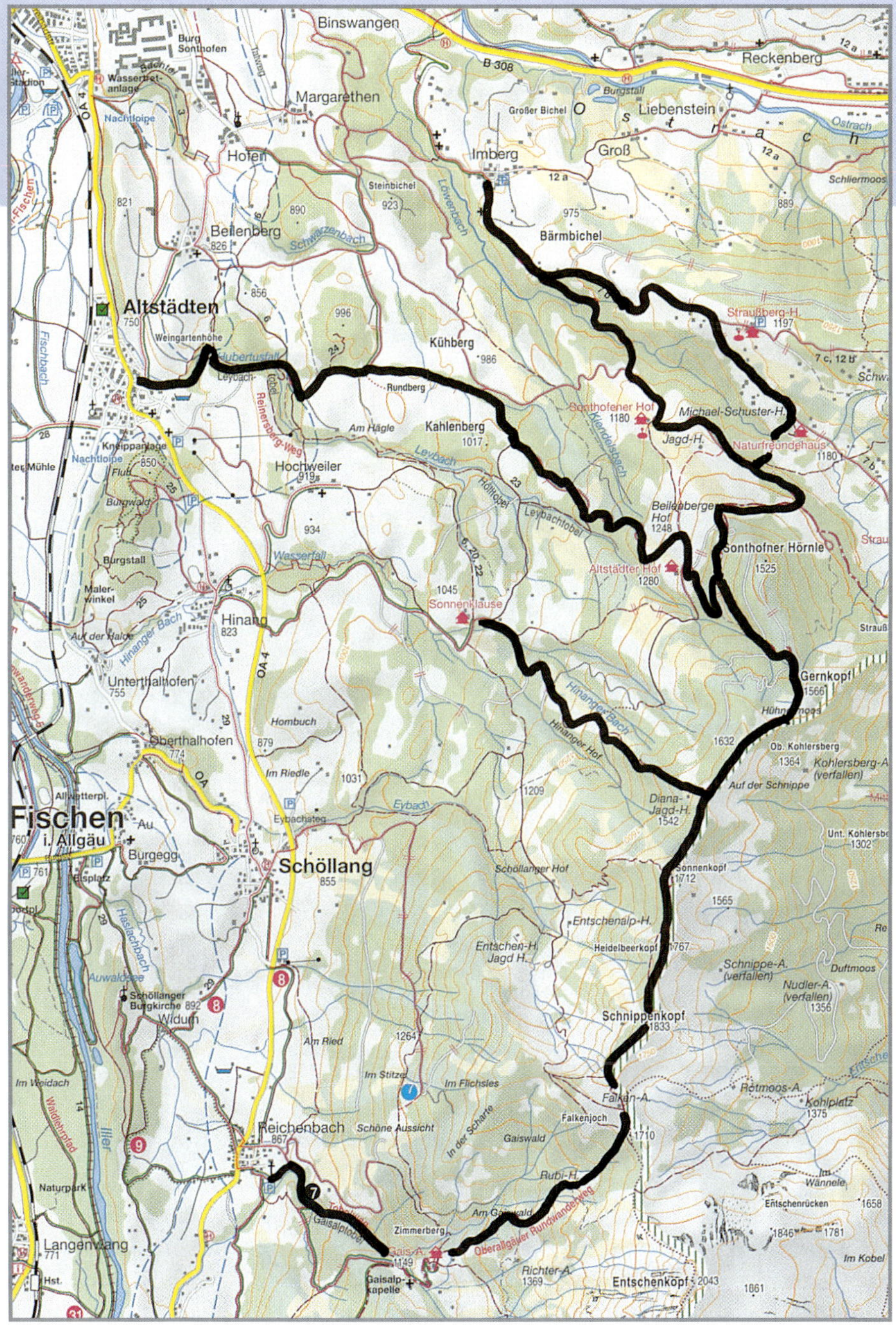
Binswangen
Burg Sonthofen
Margarethen
Reckenberg
B 308
Großer Bichel
Liebenstein
Ostrach
Imberg
Groß
Hofen
Steinbichel
923
Bärmbichel
Beilenberg
826
Schwarzenbach
Altstädten
750
Weingartenhöhe
Hubertusfall
Kühberg
986
Straußberg-H.
1197
Rundberg
Am Hägle
Kahlenberg
1017
Sonthofener Hof
1180
Michael-Schuster-H.
Jagd-H.
Naturfreundehaus
1180
Hochweiler
919
Leybach
Leybachtobel
Beilenberger Hof
1248
Sonthofner Hörnle
1525
Altstädter Hof
1280
Wasserfall
Burgstall
Maler-winkel
Hinang
823
Sonnenklause
1045
Unterthalhofen
755
Hombuch
Gernkopf
1566
Oberthalhofen
879
Im Riedle
1031
Hinanger Hof
Hinanger Bach
1632
Ob. Kohlersberg
1364
Kohlersberg-A. (verfallen)
Auf der Schnippe
Fischen i. Allgäu
Diana-Jagd-H.
1542
1209
Eybach
Eybachsteg
Schöllang
855
Schöllanger Hof
Sonnenkopf
1712
1565
Entschenalp-H.
Heidelbeerkopf
1767
Entschen-H. Jagd H.
Schnippe-A. (verfallen)
Nudler-A. (verfallen)
1356
Schöllanger Burgkirche 892
Widum
Schnippenkopf
1833
Am Ried
1264
Im Stitze
Im Flichsles
Retmoos-A.
Falken-A.
Kohlplatz
1375
Falkenjoch
1710
Reichenbach
867
Schöne Aussicht
Gaiswald
Rubi-H.
Wännele
Entschenrücken
1658
Langenwang
771
Zimmerberg
Gais-A.
1149
Gaisalpkapelle
Oberallgäuer Rundwanderweg
Richter-A.
1369
Entschenkopf
2043
1861
1846
1781
Im Kobel
Iller
Auwaldsee
Haslachbach
Naturpark
OA 4

Die „Sonnenköpfe" (Schnippenkopf, Heidelbeerkopf)

Gaisalpseen, der andere zum Falkenjoch und Schnippenkopf, diesem folge man. Zuerst geht es über offene Alpweideflächen, dann durch lichten Fichtenwald. Von der Geisalpe bis zum Falkenjoch sind es etwa 1 1/4 Std. Vom Falkenjoch links auf sichtbarem Steig über offenes Gelände zum Schnippenkopf.

Jenseits hinab, in den Sattel zum Heidelbeerkopf, dessen Südrücken hinauf, jenseits hinab zum Sattel des Sonnenkopfes, dessen Südrücken hinauf (oben Kreuz mit

schönem Blick nach Sonthofen), jenseits hinab, über oft nasse Wiesenstellen und nunmehr auch durch lichten Baumbestand zum Gernkopf. Diesen nordwestlich hinab zum Altstädter Hof und Abstieg entweder nach Altstädten oder zur Sonnenklause.

Die eingangs erwähnten Aufstiege von Altstädten und Hinang führen auf bez. Weg über die Sonnenklause zum sog. Hühnermooskopf beziehungsweise über den Altstädter Hof zum Gernkopf. Von Schöllang führt ein bez. Weg direkt auf den Sonnenkopf, von Imberg ein bez. Weg zum Strausbergsattel oder zum Gernkopf. Es empfiehlt sich eine Wanderkarte mitzunehmen!

Eine sehr schöne Rundwanderung führt vom Parkplatz des Berggasthofs Sonnenklause südwestlich über Feld- und Waldwege zu der Alpe Schöllanger Hof. Man biegt dann kurz vor der Entschenalpe links hinauf und erreicht so den Gipfel des Sonnenkopf auf direktem Weg. Der Abstieg nordwestlich über die Diana-Hütte führt uns wieder zurück zum Parkplatz am Berggasthof Sonnenklause.

Ausgangsorte	Reichenbach (867 m), Hinang (823 m), Altstädten (749 m), Imberg (880 m), Schöllang (854 m)
Zielort	desgleichen oder in entsprechender Kombination zu machen
Stützpunkte	Gaisalpe, bewirtsch. (1150 m), Sonnenklause, bew. (1050 m), Strausberghütte, teilw. bew. (1211 m), Altstädter Hof, teilw. bew. (1300 m), Sonthofener Hof, teilw. bew.
Höhenunterschied	Reichenbach - Schnippenkopf ca. 970 m, Schnippenkopf - Heidelbeerkopf ca. 80 m, Heidelbeerkopf - Sonnenkopf ca. 80 m, Sonnenkopf - Gernkopf ca. 50 m
Zeitaufwand	gesamte Überschreitung von Reichenbach über die genannten 4 Gipfel mit Abstieg bis Imberg 6 bis 7 Std.
Wander-Karte	Zumsteinkarte Nr. 4 Oberstdorf, Maßstab 1:30 000 AVA Verlag, Porschestraße 2, 87437 Kempten

Sorgschrofen (1613 bzw. 1638 m)

Beste Jahreszeit:
Südseitig schon ab Mai, nordseitig etwa ab Juni bis jeweils Oktober.

Allgemeines:
Auf diesem felsigen Berg trifft sich die deutsch-österreichische Grenze bis auf 40 m direkt am Grat zwischen den beiden Gipfeln, danach erweitert sich die Grenzziehung nach Norden wieder so weit, daß noch ein „Spitz" entsteht, in dem die Tiroler Enklave Jungholz liegt. Sie ist mit einem Fahrzeug nur über deutsches Gebiet erreichbar.

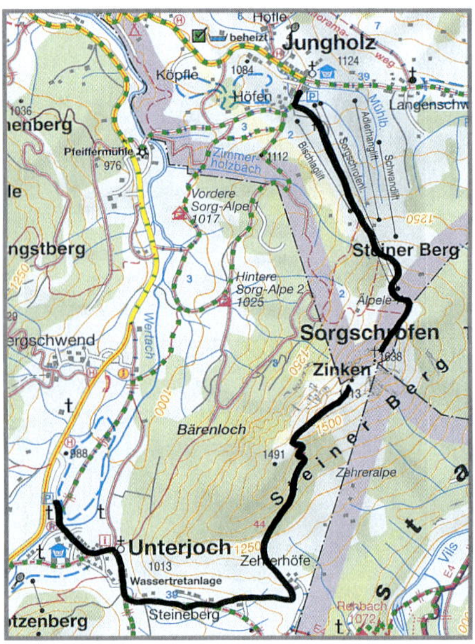

Aufstieg von Unterjoch: Will man mehr aus dieser Tour machen, läßt man seinen Wagen am Parkplatz in Unterjoch stehen und schlägt den bez. Weg in Richtung Steineberg ein. Es geht an der Kapelle vorbei die geteerte Straße hinauf, die bald östlich abbiegt. Linker Hand liegen nun eine Reihe von Häusern (Steineberg) am Hang des Berges. Man geht der asphaltierten Straße bis zu den beiden Zererhöfen nach, wo sie endet. Hier sind es nur wenige Meter zur österreichischen Grenze. Hinter dem oberen Hof führt ein Weg nördlich über Wiesen hinan, später geht es durch Wald steiler hinauf, bis man über einen freien Hang ansteigend den Grat zwischen Zerer und Zinken erreicht. Weiter nordöstlich ansteigen bis zur letzten Felsenmauer, hier steil zum Gipfel des Zinken (1613 m). Vorsicht bei den letzten Metern! Teilweise ausgesetzt.

Aufstieg von Jungholz: Man steigt über die freien Grashänge in der Nähe des

Der Sorgschrofen, über den die deutsch-österreichische Grenze verläuft

großen Skiliftes, auf einem bez. Weg, zum Schluß durch felsiges Gelände, unschwer zum österreichischen Gipfel. Der gesamte Rücken ist unter der Bezeichnung „Sorgschrofen" bekannt. Er hat zwei Gipfel, wovon der auf deutschem Gebiet liegende den Namen Zinken trägt (1613 m). Ein weiterer Aufstieg zum Hauptgipfel führt von Jungholz - Höfen über die Älpele Alpe (1 1/2 bis 2 Std.). Beide Gipfel sind jeweils von Unterjoch und Jungholz leicht zu erreichen und bieten eine schöne Aussicht.

Ausgangsorte	Unterjoch (1014 m), Jungholz (1054 m)
Zielort	desgleichen, Überschreitung nur für absolut Trittsichere!
Stützpunkte	unterwegs keine
Höhenunterschied	jeweils ca. 600 m
Zeitaufwand	direkt von Unterjoch über die Zererhöfe ca. 2 1/2 Std., bei Fahrt bis Zererhöfe noch ca. 1 1/2 Std., von Jungholz 1 1/2 Std.
Wander-Karte	Zumsteinkarte Nr. 3 Hindelang, Maßstab 1:35 000 AVA Verlag, Porschestraße 2, 87437 Kempten

Spieser (1649 m)

Beste Jahreszeit:
Ab Mitte Juni. Schön ist auch eine Herbstwanderung in diesem Gebiet wegen der Moore zwischen Tiefenbacher Eck und Spieser.

Allgemeines:
Der Spieser wird zum Wertacher Starzlachkamm gerechnet, wovon er einen Seitenast zusammen mit Hirschberg und Ornach darstellt. Sein freier Gipfel ist lediglich westseitig, unterhalb des höchsten Punktes, von kleinen Fichten bestanden. Schöner Aussichtsberg, der wegen seiner geringen Höhe und der ungefährlichen Besteigungsmöglichkeit gerne von Familien begangen wird. Gilt auch für Skitouristen als Winterziel.

Aufstieg von Oberjoch: Vom großen Parkplatz geht man westlich zurück bis zum Sträßchen, das zur Alpenklinik hinaufführt. Hinter dem Haus führt ein bez. Weg, zuerst leicht ansteigend, nach Westen, später biegt der Weg im Wald nach Norden ab. Wegweiser zur Hirschalpe folgen! Unterhalb der Hirschalpe trifft man auf den Alpweg, der links von der Jochstraße heraufkommt. Auf diesem zur bewirteten Hirschalpe. Hier besonders schöne Aussicht ins Ostrachtal und den umgebenden Bergen. Oberhalb der Hirschalpe folge man dem Schild Spieser, ein markierter Weg führt über offenes Weidegelände in die Mulde zwischen Ornach und Spieser. Hier links hinauf zum nahen Spieser Gipfel.

Aufstieg von Hindelang: Am östlichen Ortsausgang von Hindelang (vor Jochpaßstraße) biegt man beim Gasthaus „Letzter Heller" links auf einen bez. Steig, der in den Hirschbachtobel und durch diesen zur Krähenwand führt. Bei der Wegteilung rechts über Weideböden, dann links ausbiegend zum Spieser. Eine weitere Möglichkeit wäre noch von der Jochstraße in der Nähe der 1000 m Meereshöhen-Tafel links in den Fahrweg einzubiegen, der zur Hirschalpe hochführt. Hier Sperrschild, begrenzte Parkmöglichkeit. Dann zu Fuß dem Fahrweg nach, was aber nicht

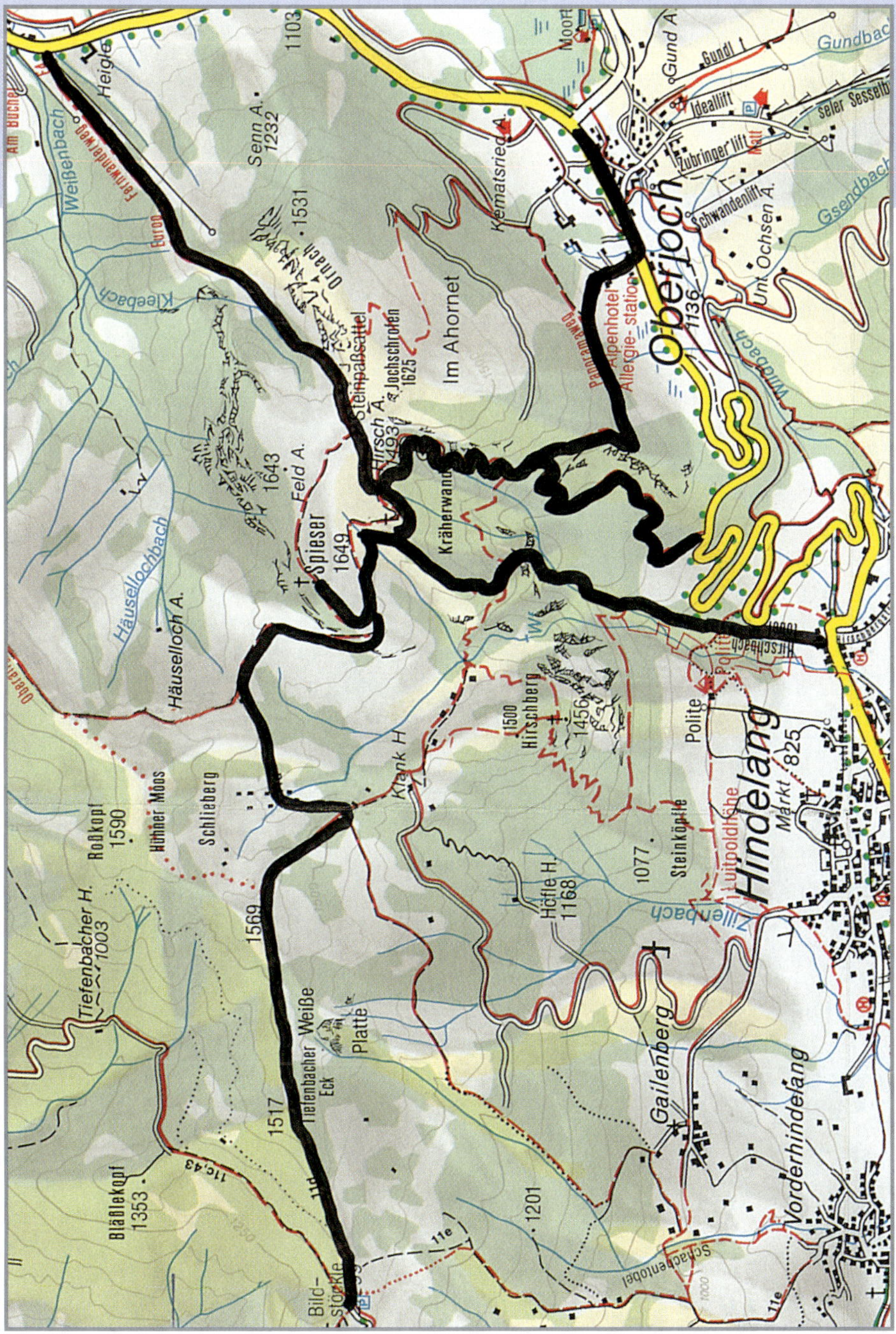
Oberjoch
1136
Hindelang
Markt
825
Spieser
1649
Im Ahornet
Jochschrofen
1625
Steinpaßsattel
Hirsch A.
Kräherwand
Feld A.
1643
Ornach
1531
Senn A.
1232
1103
Heigle
Weißenbach
Fernwanderweg
Kleebach
Häuselloch A.
Häusellochbach
Hirschberg
1500
1456
Polite
Steinköpfle
1077
Höfle H.
1168
Zillenbach
Gailenberg
Vorderhindelang
Schlieberg
Hühner Moos
Roßkopf
1590
Tiefenbacher H.
1003
Bläßlekopf
1353
1569
Tiefenbacher Weiße Eck
Platte
1517
1201
Bild-stöckle
Schächentobel
Gund A.
Gundl
Ideallift
Zubringer lift
Schwandenlift
Unt. Ochsen A.
Gundbach
Gsendbach
Windbach
Kematsried A.
Alpenhotel
Allergie-station
Panoramaweg
Moor
Klank H.
Hirschbach
Luitpoldhöhe

so schön ist, wie die beiden bisher beschriebenen Aufstiege.

Variante von Sonthofen: Die längste Route! Von Sonthofen östlich nach Walten, Unterried und Breiten hoch. Wegweiser beachten. Hinter Breiten den Alpweg weiter bis zu dessen Ende am Bildstöckl. Nun rechts ab und in etwa dem Grat nach, teilweise durch Wald, zum Tiefenbacher Eck (1517 m). Nun weiter über offene Weideböden bis zum Roßkopf. Hier rechts ab und über sichtbaren Pfad von Nordwesten her auf den Spieser. Falls gleicher Rückweg geplant, kann das Auto in Breiten stehen gelassen werden. Man spart dann den Aufstieg auf der Fahrstraße.

Aufstieg von Obergschwend: Ab Parkplatz beim Spieserlift folge man dem Weg über die Piste nach oben. Am Steinpaßsattel biegt er rechts ab zum nahen Gipfel.

Ausgangsorte	Bad Hindelang (825 m), Oberjoch (1150 m), Obergschwend (1100 m)
Zielort	desgleichen
Stützpunkte	Hirschalpe, bewirtschaftet (1500 m)
Höhenunterschied	ab Bad Hindelang ca. 800 m, ab Oberjoch ca. 500 m, ab Obergschwend ca. 550 m
Zeitaufwand	von Hindelang ca. 2 1/2 bis 3 Std., von Oberjoch ca. 1 1/2 bis 2 Std., von Obergschwend 2 Std.
Wander-Karte	Zumsteinkarte Nr. 3 Bad Hindelang, Maßstab 1:35 000 AVA Verlag, Porschestraße 2, 87437 Kempten

Wertacher Hörnle (1695 m)

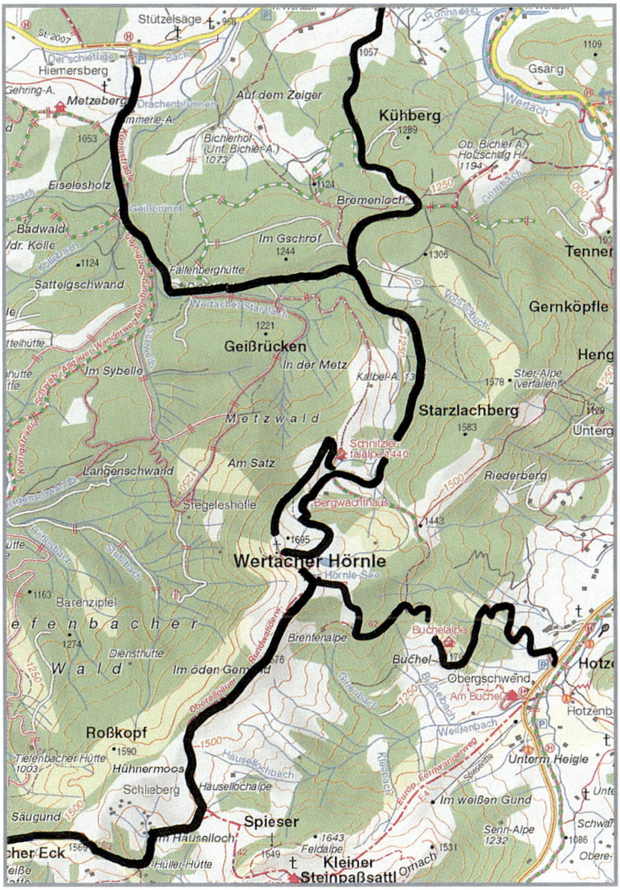

Beste Jahreszeit:

Ab Mitte Juni.

Allgemeines:

Obwohl das Wertacher Hörnle keine große Meereshöhe aufzuweisen hat, wird es doch gerne und häufig begangen. Keiner der Anstiege erfordert alpine Erfahrung, weshalb die Tour einlädt, die ganze Familie mitzunehmen. Die Aussicht reicht nach Norden ins „Unterland" besonders weit. Zur Zeit der Alpenrosenblüte ist der Gipfel besonders lohnend, da an seinem Osthang einer der schönsten Alpenrosenbestände des ganzen Allgäus zu finden ist. Besonders hübsch auch der Hörnlesee unterhalb (östlich) des

Das Wertacher Hörnle

Gipfels, allerdings nimmt sein Wasserstand ständig ab.

Aufstieg vom Königssträßchen: Vom Parkplatz den gut sichtbaren Wegweisern nach zunächst zur Alpe Schnitzlertal. Bis hierher ist es ein Alpweg. Kurz vor der Alphütte biegt der Pfad links ab und führt steil über Weideflächen über den Nordostrücken zum Gipfel. Alpe Schnitzlertal ist bewirtschaftet. Von der Hütte zum Gipfel sind es nurmehr ca. 40 Minuten. Es gibt auch noch einen direkten Anstieg von Wertach, der aber eine etwas größere Ausdauer erfordert. Er führt kurz nach dem westlichen Ortsausgang links ab und über die Bremenloch Futterhütte zum Gipfel (markiert). Mit 4 Stunden Gehzeit ist zu rechnen.

Der Aufstieg von Bad Hindelang aus: Am östlichen Ortsausgang zweigt beim Gasthaus „Zum letzten Heller" ein markierter Weg links ab, der in den sehenswerten Hirschbachtobel und durch diesen hinauf in den Sattel zwischen Hirschberg und Spießer geht. Bis hierher etwa 2 Std. Nunmehr durch eine leichte und oft nasse Senke nordwärts in Richtung auf den Roßkopf. Jetzt ohne Schwierigkeit über sanft ansteigende Wiesenhänge, etwa in Gratnähe des Bergrückens bis zum Gipfel (Markierung des Oberallgäuer Rundwanderwegs).

Aufstieg ab Sonthofen: Über Walten, Unterried und Breiten (hierher auch mit dem Auto), hinter Breiten führt der (gesperrte) Alpweg noch bis zum Bildstöckl, wo zugleich der Grat des Bergrückens erreicht ist. Nunmehr rechts ab, etwa dem Grat nach durch lichten Wald zum Tiefenbacher Eck, und weiter bis zum Roßkopf. Dann wie oben zum Gipfel. Sehr weit!

Aufstieg von Unterjoch: Bis Obergschwend können wir fahren, dort Wagen am Parkplatz abstellen und über markierte Wege (zuerst kleiner Fahrweg bis Buchelalpe) ohne Schwierigkeiten zum Gipfel. Dieser Anstieg ist in etwa auch der Winteraufstieg von Unterjoch.

Ausgangsorte	Wertach (915 m), Bad Hindelang (825 m), Unterjoch (1013 m), Sonthofen (742 m)
Zielort	desgleichen
Stützpunkte	Alpe Schnitzertal (1400 m), Hirschalpe (1493 m)
Höhenunterschied	von Wertach (Parkplatz Königssträßchen, 1040 m) ca. 600 m, von Bad Hindelang ca. 800 m, von Unterjoch ca. 600 m
Zeitaufwand:	Parkplatz Königssträßchen über Alpe Schnitzertal 2 bis 2 1/2 Std., ab Hindelang über Hirschbachtobel ca. 3 bis 4 Std., ab Unterjoch über Obergschwend ca. 2 1/2 Std., ab Sonthofen ca. 4 - 5 Std.
Wander-Karte	Zumsteinkarte Nr. 3 Bad Hindelang, Maßstab 1:35 000 AVA Verlag, Porschestraße 2, 87437 Kempten

Tour 47

Bad Hindelang

Nach der Auffahrt mit der brandneuen Horn-Gondelbahn genießt man erst einmal die schöne Aussicht auf Hindelang und das Ostrachtal. Dann wendet man

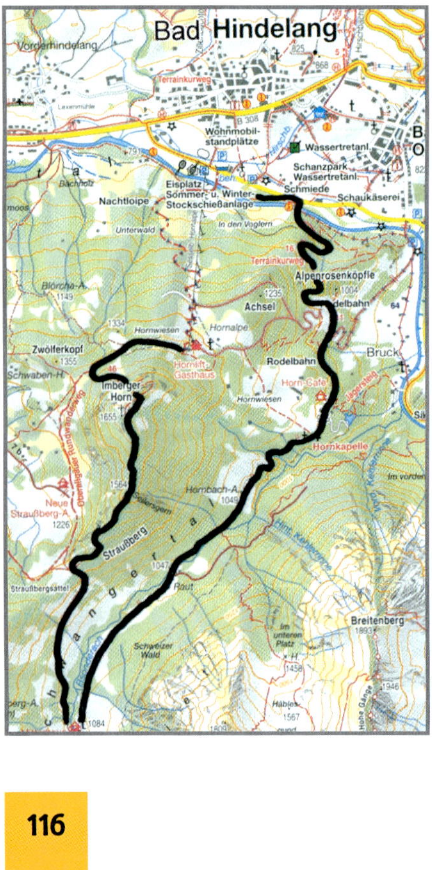

sich auf dem ausgeschilderten Weg westlich um das Imberger Horn herum, biegt aber bei einer Abzweigung nach links ab und ersteigt im gemütlichen Aufstieg das Imberger Horn (1656 m). Die Aussicht lohnt die kleine Mühe auf jeden Fall! Sie umfasst ein erstaunliches Panorama von Bergen, Wäldern und Tälern. Der Abstieg folgt dem Gratrücken nach Süden, manchmal durch Wald, aber immer mit Möglichkeiten, neue Bilder in sich aufzunehmen. Am Straußbergsattel wendet man sich links und steigt zur bald sichtbaren Alpe Mitterhaus (1081 m, bew.) hinab. Wer den Gipfel auslassen möchte, kann bei der beschriebenen Wegabzweigung einfach geradeaus weitergehen und kommt auf einem Stück des Oberallgäuer Rundwanderweges ebenfalls zum Straußbergsattel. Dabei könnte er noch auf der Neuen Straußbergalpe (1227 m) einkehren. Vom Mitterhaus wandert man auf dem Alpsträßlein talauswärts, kommt an der Hornkapelle vorbei und hat beim Horn-Café die nächste Möglichkeit Hunger und Durst zu stillen. Der weitere Abstieg ins Ostrachtal ist ausgewiesen.

Hindelang, mit Blick auf das Imberger Horn

Kategorie	unschwer/mittelschwer
Routenverlauf	Parkplatz Hornbahn – Bergstation – Imberger Horn – Alpe Mitterhaus – Hornkapelle – Parkplatz
Höhenunterschied	Bergauf ca. 360 m; Bergab ca. 810 m
Zeitaufwand	4 bis 4 1/2 Stunden
Einkehr	Gasthof Gletscherspalte, Alpe Mitterhaus, Horn-Café Aktuelle Öffnungszeiten erfragen!
Auskünfte	Gästeinformation Hindelang, Tel. 0 83 24/89 20 Horn-Gondelbahn, Tel. 0 83 24/24 04
Wander-Karte	Zumsteinkarte Nr. 3, »Hindelang«, M 1:30 000 AVA Verlag, Porschestraße 2, 87437 Kempten

Tour 48

Bolsterlang

An der Bergstation der Sesselbahn wendet man sich dem schon sichtbaren Berghaus Schwaben (1500 m, bew.) zu. Es liegt am Südhang des Großen Ochsenkopfes und ist Ausgangspunkt für die Hörnertour, fürs Riedberger Horn oder einen Übergang nach Grasgehren. Wir wählen die Route zum Riedberger Horn (1787 m), einem sehr schönen Aussichtsberg. Der Weg führt uns zuerst durch Feuchtgebiete. Über den Nordostgrat erreicht man unschwer das Gipfelkreuz. Besonders hübsch ist die Aussicht von hier auch ins Tal nach Balderschwang und nach Vorarlberg. Der Abstieg führt den Osthang hinab bis zu einem Sattel, an dem man links abbiegt (Rechts geht es nach Grasgehren). Wieder kann man die Feuchtflora dieses Gebietes bewundern, wenn man in den Kessel hinabsteigt und zur Bolgenalpe wandert. Das anschließende Bolgental ist durch einen Kiesweg erschlossen, auf dem man leicht zur Alpe Zunkleiten (1178 m, bew.) hinabkommt. Links von der Hütte beginnt nun ein Steig über Weidegelände zum Wald anzusteigen, durchquert den schmalen Waldstreifen und führt jenseits in einem Bogen hoch über Sonderdorf (Kreuz mit Bank – Aussicht!) nördlich abbiegend unschwer hinab zum Parkplatz (Bergblick Höhenweg).

Gemütliche Wanderung mit einem Gipfelerlebnis!

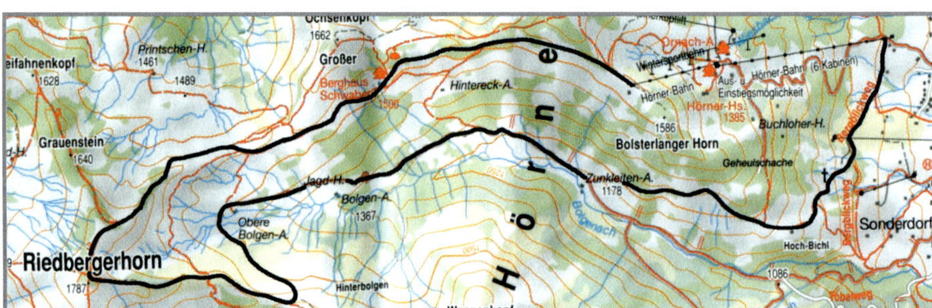

Kategorie	unschwer
Routenverlauf	Parkplatz Hörnerbahn – Auffahrt zum Horngrat – Schwabenhaus – Riedberger Horn – Bolgental – Alpe Zunkleiten – Parkplatz
Höhenunterschied	Bergauf ca. 300 m; Bergab ca. 880 m
Zeitaufwand	3 1/2 bis 4 Stunden
Einkehr	Berghaus Schwaben, Alpe Zunkleiten Aktuelle Öffnungszeiten erfragen!
Auskünfte	Verkehrsamt Bolsterlang, Tel. 0 83 26/83 14
Wander-Karte	Zumsteinkarte Nr. 4, »Oberstdorf«, M 1:30 000 AVA Verlag, Porschestraße 2, 87437 Kempten

Fischen

Vom Parkplatz wandert man eben in südliche Richtung. Bald kommt man zur historischen Sägemühle, die unbedingt einen Besuch wert ist. Als nächstes tauchen Sportpark und Freizeitbad auf, die man vielleicht gesondert besuchen sollte. Nach etwa 500 weiteren Metern nach Süden biegt der Weg an einer Gabelung nach Westen ab und führt zum Hirschsprung, einer Felsenge mit hochaufragenden Wänden. Nun folgt man dem Wegweiser zur Sturmannshöhle, deren Besichtigung man sich ebenfalls nicht entgehen lassen sollte. Einkehrmöglichkeit. Dann wandert man nach Obermaiselstein und weiter über Oberdorf nach Maderhalm. Von diesem Ort hat man eine schöne Aussicht in die Berge, ins Illertal und auf Fischen. Von Maderhalm kann man entweder der Straße folgen oder aber einer etwas steileren Abkürzung, die zur Sägemühle hinunterführt, von wo es ein Katzensprung zurück zum Parkplatz ist.

Schöne Wanderung durch die Allgäuer Landschaft.

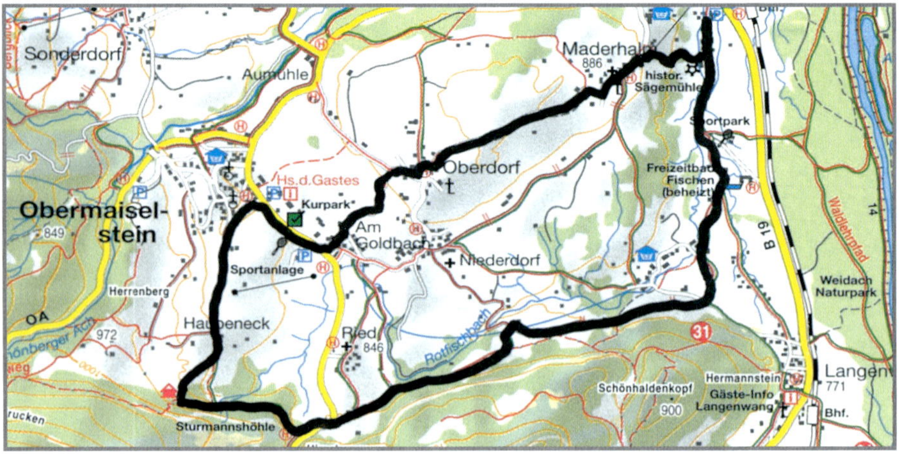

Blick auf Fischen

Kategorie	unschwer
Routenverlauf	Parkplatz westlich der B 19 – Sägemühle – Freibad – Hirschsprung – Sturmannshöhle – Obermaiselstein – Maderhalm – Parkplatz
Höhenunterschied	Ca. 240 m
Zeitaufwand	3 1/2 bis 4 Stunden
Einkehr	An der Sturmannshöhle, Gasthäuser in Obermaiselstein; Aktuelle Öffnungzeiten erfragen!
Auskünfte	Kurverwaltung Fischen, Tel. 0 83 26/3 64 63 Sturmannshöhle, Tel. 0 83 26/3 83 09 Verkehrsamt Obermaiselstein, Tel. 0 83 26/2 77
Wander-Karte	Zumsteinkarte Nr. 4 f, »Fischen«, M 1:30 000 AVA Verlag, Porschestraße 2, 87437 Kempten

Tour 50

Füssen

Ausgangspunkt zu dieser schönen Rundwanderung ist der Parkplatz am nördlichen Ufer des Hopfensees im Ort Hopfen am See. Man wendet sich in einem Bogen westlich um den Burgplatz (898 m) herum und folgt nun nordwärts dem »Lettenbichel Rundweg«, bis dieser nach etwa 2,2 km eine scharfe Rechtsbiegung macht. Geradeaus geht es durch den Riedener Wald bis zu einer Querstraße weiter, die von Rieden her kommt. Ihr folgt man nach links, überschreitet den Stellenbach und hält sich wiederum links Richtung Langegg. Nachdem man den Ort durchschritten hat, biegt man kurz danach auf einer Alpstraße rechts ab und folgt ihren Kurven hinauf zur Alpe Beichelstein (950 m). Diese zählt zu den herausragenden Aussichtspunkten im Ostallgäu! Man kann gemütlich einkehren und das Panorama mit Hopfensee, Füssen und Alpen genießen. Der Rückweg führt zunächst auf den kleinen Höhenrücken nördlich der Alpe, dann östlich über Ober-Langegg zum Ort Langegg hinunter, wo man sich linksab wendet und auf dem Herweg bis zur Einmündung des Stichweges vom Lettenbichel Rundweg zurück wandert. Dort aber geht man geradeaus weiter Richtung Rieden und erreicht das sog. »Kop-

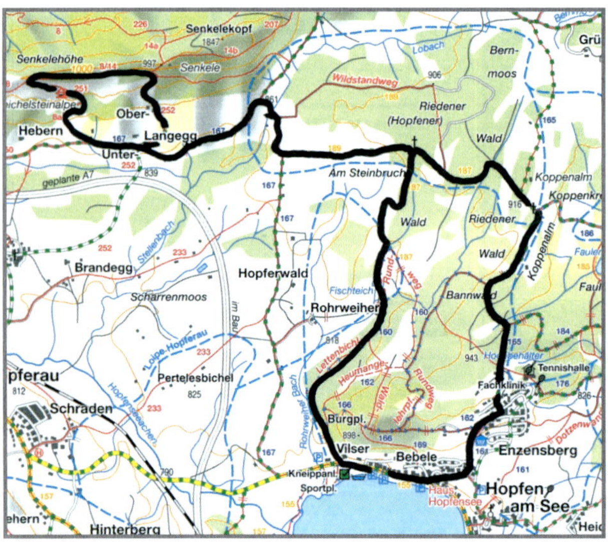

penkreuz« an einer Weggabelung. Hier wendet man in südlicher Richtung und erreicht nach etwa 1,5 km die Fachklinik Enzensberg und danach wieder den Ausgangsort Hopfen am See. Diese Rundwanderung bietet einsame Wege, eine herrliche Aussicht und viel Natur.

Kategorie	unschwer
Routenverlauf	Hopfen am See – Lettenbichel Rundweg – Riedener Wald – Langegg – Alpe Beichelstein – Riedener Wald – Koppenkreuz – Hopfen am See
Höhenunterschied	Ca. 250 m
Zeitaufwand	Bis Alpe Beichelstein etwa 2 1/2 Std. Zurück: 3 Std.
Einkehr	Alphütte Beichelstein, Hopfen am See Aktuelle Öffnungszeiten erfragen!
Auskünfte	Tourist-Information Füssen, Tel. 0 83 62/9 38 50, Kurverwaltung Hopfen am See, Tel. 0 83 62/74 58, Verkehrsamt Seeg, Tel. 0 83 64/98 30 33
Wander-Karte	Zumsteinkarte Nr. 1, »Füssen«, M 1:30 000 AVA Verlag, Porschestraße 2, 87437 Kempten

Tour 51

Grünenbach

Der Zugang zum berühmten Eistobel liegt zwischen Grünenbach und Maierhöfen bei der Argentobelbrücke (54 m hoch, 204 m lang). Man steigt zur Argen hinunter und folgt ihr flußaufwärts. Nach einer Viertelstunde beginnt jener Teil der Schlucht, der wegen der bezaubernden Eisbildung im Winter den Namen »Eistobel« erhalten hat. Tosende Wasserfälle, smaragdgrüne Becken, harte Nagelfluhbänke, in Felsen gesprengte Wege bilden ein Szenarium, das seinesgleichen sucht. Am obersten Wasserfall führt der Weg hoch über die Argen auf die andere Seite. Hier biegt man vom weiteren Weg durch den Eistobel links ab und wandert bis zur Einmündung in den Weg Nr. 3, der von Maierhöfen herkommt. Diesem folgt man rechts abbiegend und steigt über den westlichen Rücken zur Riedholzer Kugel (1066 m) hinauf, die sehr aussichtsreich ist. Von dort geht es dann den Weg Nr. 5 in nordwestlicher Richtung durch Wald und Lichtungen bis nach Riedholz (730 m) hinab, wo man einkehren kann. Von hier bis zum Parkplatz zurück ist es nur noch ein Katzensprung.

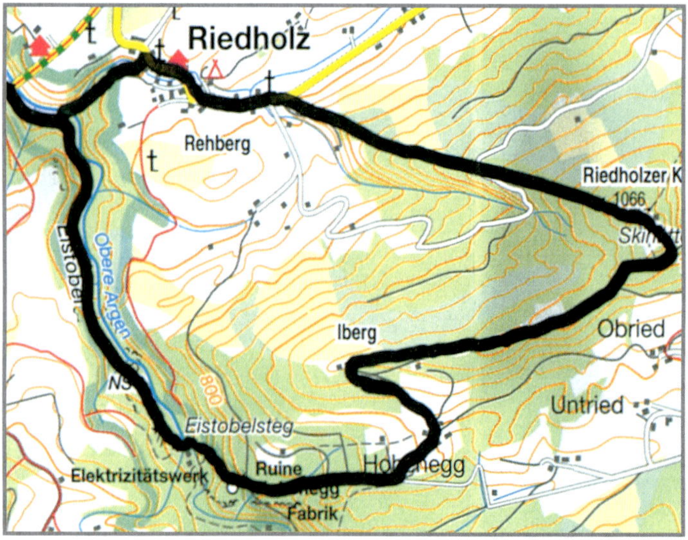

Eistobel bei Isny

Kategorie	unschwer/mittelschwer
Routenverlauf	Parkplatz Eistobelbrücke – Eistobel – Riedholzer Kugel – Riedholz – Parkplatz
Höhenunterschied	380 m
Zeitaufwand	3 1/2 bis 4 Stunden
Einkehr	Gh. Eistobelbrücke, Gh. in Riedholz Aktuelle Öffnungszeiten erfragen!
Auskünfte	Verkehrsamt Grünenbach, Tel. 0 83 83/71 41 Verkehrsamt Maierhöfen, Tel. 0 83 83/9 80 40
Wander-Karten	Zumsteinkarte Nr. 8, »Oberstaufen«, M 1:35 000 AVA Verlag, Porschestraße 2, 87437 Kempten, »Wanderkarte Maierhöfen«, erhältlich bei den Verkehrsämtern Grünenbach und Maierhöfen

Tour 52

Halblech

Nach der Auffahrt mit der Doppelsesselbahn auf den Buchenberg (1142 m) mit letzter Einkehrmöglichkeit dieser Wanderung auf der Buchenbergalm wendet man sich über den markierten Weg zur Ebene und Richtung Leiterau, wobei es bis ins Lobenbachtal viel durch Wald geht.

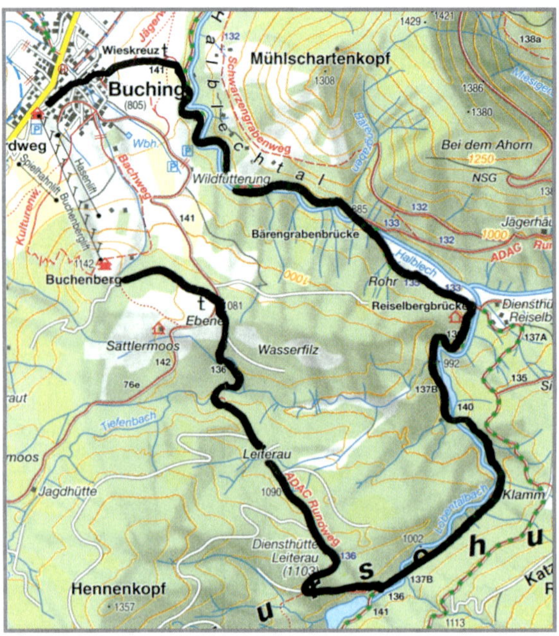

Die Hütte vor dem letzten Abstieg dorthin ist eine Diensthütte und nicht für eine Einkehr vorzusehen. Den Lobentalbach erreicht man etwa bei 1000 m Meereshöhe und wandert ihn nun in nördlicher Richtung abwärts, wobei er nach Überquerung einer Brücke zur Linken fließt. Das Tal ist eng eingeschnitten und mündet bei der Reiselbergbrücke in das Tal des Halblechs. Hier wendet man sich flußabwärts, bleibt zunächst auf der linken Seite des Halblechs, muss aber nach etwa 1 km über die Bärengrabenbrücke die Seite wechseln. Kurz nachdem man wieder auf die linke Seite gequert ist, biegt man westlich ab und wandert über das Wieskreuz nach Buching zurück.

Die Wanderung ist einfach und hält sich von der Länge her in machbaren Grenzen. Man sollte sich etwas zu Essen und Trinken mitnehmen.

Kategorie	unschwer
Routenverlauf	Auffahrt mit Doppelsesselbahn in Buching – Leiterau – Lobental – Reiselbergbrücke – Halblechtal – Buching
Höhenunterschied	Bergauf kaum nennenswert, bergab ca. 350 m
Zeitaufwand	Ab Bergstation ca. 3 Stunden (8 km)
Einkehr	Gasthof an der Bergstation, Gasthöfe in Buching Aktuelle Öffnungszeiten erfragen!
Auskünfte	Bergbahn, Tel. 0 83 68/9 12 50 Kenzenbus, Tel. 0 83 68/5 50 Kenzenhütte, Tel. 0 83 68/3 90 Verkehrsamt Buching, Tel. 0 83 68/2 85
Wander-Karte	Zumsteinkarte Nr. 1, »Füssen«, M 1:30 000 AVA Verlag, Porschestraße 2, 87437 Kempten

Tour 53

Immenstadt

Vom Parkplatz des Alpseebades führt ein Wanderweg durch Wald und Wiesen nördlich hinauf nach Zaumberg. Hier biegt man bei den ersten Häusern links ab und folgt dem ausgeschilderten Weg westlich weiter leicht ansteigend durch Wald und Weideflächen zur Siedelalpe (1000 m, bew.). Vom weiteren Weg über den schönen Nagelfluhrücken oberhalb des Konstanzertales biegt bald nach der Siedelalpe ein Weg links und rechts ab: Rechts geht es zur Jugetalpe, links aber ins Tal hinab zur Alpe Schönsreuthe (850 m, bew.). Von diesem Weg hat man immer wieder schöne Talblicke und der Große Alpsee grüßt herauf. Beim Weiterweg gelangt man schließlich zu seinem nördlichen Ufer hinab und folgt diesem nach Osten. Der kleine Weiler Alpseewies wird bald erreicht und danach geht es eben weiter zum Parkplatz zurück.

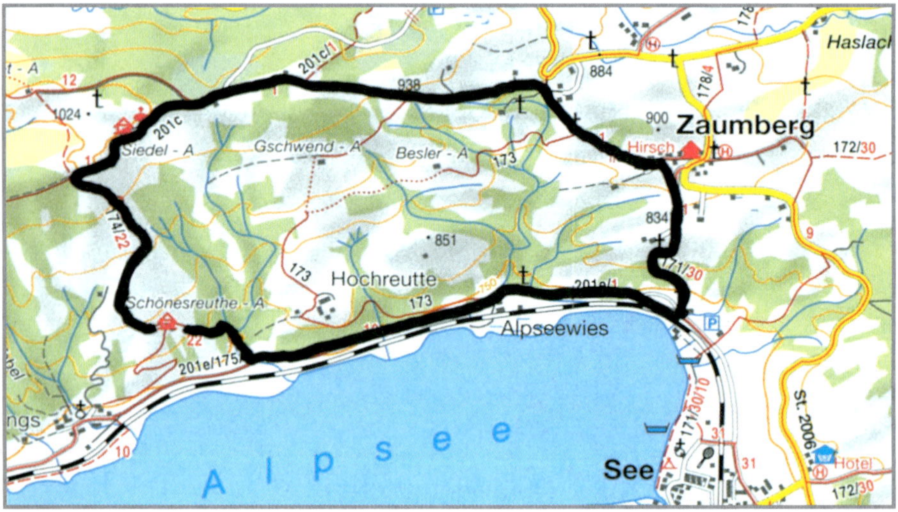

Der herrlich gelegene Alpsee

Kategorie	unschwer
Routenverlauf	Parkplatz Bühl Alpseebad – Zaumberg – Siedelalpe – Alpe Schönsreuthe-Alpseewies – Parkplatz
Höhenunterschied	300 m
Zeitaufwand	4 bis 5 Stunden
Einkehr	Siedelalpe, Alpe Schönsreuthe, Bühl am Alpsee Aktuelle Öffnungszeiten erfragen!
Auskünfte	Städt. Gästeamt, Tel. 0 83 23/91 41 76-77 Gästeamt Bühl a. A., Tel. 0 83 23/91 41 78
Wander-Karte	Zumsteinkarte Nr. 6, »Immenstadt«, M 1:30 000 AVA Verlag, Porschestraße 2, 87437 Kempten

Tour 54

Kleinwalsertal

Von Mittelberg fährt man zum Anfang des Wildentales und parkt auf dem Privatparkplatz beim Gasthof »Schwendle«. Dann wendet man sich auf dem Alpweg östlich und wandert in das lange Wildental hinein. Dabei ist der Höhenunterschied bis zur Fluchtalpe (1390 m, bew.) relativ gering. Gewaltig ist die Sicht auf die Schafalpenköpfe, über die der Mindelheimer Klettersteig verläuft. An der Fluchtalpe biegt man nördlich Richtung Fiderepaß-Hütte ab und steigt etwa 400 Höhenmeter hinauf. Dann biegt nach links ein Steig ab, der zur Wannenalpe (1821 m, nicht bew.) führt. Nun wandert man über den langen aussichtsreichen Hang unterhalb des Schüssers nach Westen und erreicht die Alpe Innerkuhgehren (1673 m, bew.) Von ihr steigt man in einem Bogen zu den Wiesalpen hinunter, von denen die Innere Wiesalpe (1298 m, bew.) und gleich danach die Untere Wiesalpe (1280 m, bew.) zur Einkehr verleiten. Dann folgt man dem Hinweg zum Parkplatz zurück. Eine sehr schöne, aussichtsreiche Wanderung, die etwas Ausdauer verlangt.

Im hinteren Wildental

Kategorie	unschwer/mittelschwer
Routenverlauf	Mittelberg, Parkplatz Gasthof Schwendle – Wildental – Fluchtalpe – Wannenalpe – Alpe Innerkuhgehren – Innere Wiesalpe – Parkplatz
Höhenunterschied	670 m
Zeitaufwand	4 1/2 bis 5 Stunden
Einkehr	Fluchtalpe, Innerkuhgehren, Innere Wiesalpe, Untere Wiesalpe, Bergheim Moser Aktuelle Öffnungszeiten erfragen!
Auskünfte	Kleinwalsertal Tourismus Hirschegg, Tel. 0 83 29/5 11 40
Wander-Karte	Zumsteinkarte Nr. 5, »Kleinwalsertal«, M 1:25 000 AVA Verlag, Porschestraße 2, 87437 Kempten

Tour 55

Lindenberg

Von der Stadtmitte (762 m) wendet man sich über die Hirsch- zur Hansenweiherstraße und folgt dem Weg an der Reithalle vorbei nach Südwesten. Nach Überqueren der B 308 hält man sich Richtung Scheidegg, erreicht über die Hochbergstraße die Blasenbergstraße und wendet sich zum Aussichtspunkt Blasenberg (»Fünfländer-Blick«!). Durch die Ortsmitte (803 m) führt die Route nördlich weiter zur Gretenmühle (735 m), wo es einen interessanten Reptilienzoo zu besichtigen gibt. Kurz dahinter, in westlicher Richtung, erreicht man die schönen Scheidegger Wasserfälle. Ein Stück muss man jetzt zurückgehen und wandert kurz entlang der B 308 (Richtung Lindau). Ein Abzweig nach rechts bringt einen hinauf zur St.-Wendelins-Kapelle und weiter bergauf über das Feriendorf Saarland nach Allmannsried (813 m). Dort hält man sich am Ortsrand in östlicher Richtung und erreicht, teilweise durch Wald, den schön gelegenen Waldsee. An seinem nördlichen Ufer folgt man dem Weg an der Badeanstalt vorbei und gelangt durch Wald zur Stadt zurück, wobei man sich kurz vor Erreichen der Fahrstraße an einer Kneippanlage erfrischen kann.

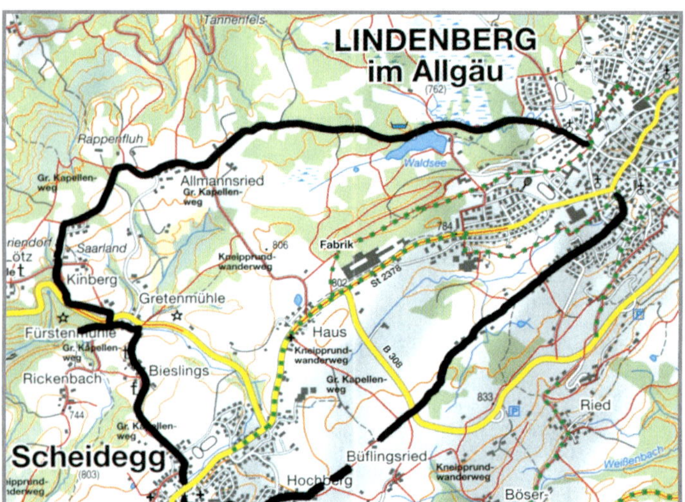

Kategorie	unschwer
Routenverlauf	Lindenberg – Reithalle-Blasenberg – Scheidegg – Wasserfälle – Allmannsried – Waldsee – Lindenberg
Höhenunterschied	Ca. 150 m
Zeitaufwand	4 1/2 Stunden
Einkehr	Blasenberg, Scheidegg, Gretenmühle, Waldsee Aktuelle Öffnungszeiten erfragen!
Auskünfte	Tourist Information Lindenberg, Tel. 0 83 81/8 03 28, Fax 8 03 88
Wander-Karten	Zumsteinkarte Nr. 8, »Oberstaufen«, M 1:35 000 AVA Verlag, Porschestraße 2, 87437 Kempten, »Wanderwege rund um Lindenberg«, M 1:20 000, erhältlich im Gästeamt Touristinformation, Stadtplatz, 88161 Lindenberg i. A., Tel. s. o.

Oberstaufen

Nach Auffahrt mit der Imbergbahn wendet man sich rechts zur Alpstraße hinab und biegt auf ihr links ein. Man folgt ihr ein kurzes Stück bis etwa zum Scheitelpunkt, an dem ein Wegweiser »Kojen 5 km« steht. Der anschließende gemütliche Weg führt auf halber Hanghöhe nach Westen, passiert die Alpe Häusler's Gschwend und kommt schließlich zur Alpe Glutschwanden (1250 m, bew.). Danach steigt er rechts etwas an, um die Grathöhe zu gewinnen. Beim »Steinernen Tor« findet man einen engen Felsdurchbruch vor, durch den ein Weg nach Riefensberg hinabführt. Man bleibt aber weiterhin am Grat und erreicht schließlich den aussichtsreichen Gipfel des Kojen (1300 m), von dem aus der Blick nach Vorarlberg besonders hübsch ist. Steil fällt der Kojen nach Norden und Westen ab, so dass man sich wie auf einem Balkon hoch über dem Nachbarländle fühlt. Der Rückweg führt über den Wiesenpfad zur sichtbaren Straße hinab, die von Hittisau/Krumbach heraufkommt und das Ski- und Wandergebiet Hochhädrich zum Ziel hat. Dorthin wandert man nun ebenfalls und folgt dem Weg weiter, der bald darauf die Landesgrenze passiert und in einem Feuchtgebiet am Nordfuß des Höchhädrichs nach Hörmoos (1283 m, bew.) verläuft. Ab hier kann man den Bus nach Steibis benutzen, dessen Fahrzeiten vor der Tour zu erfragen sind. Infrage käme auch ein Rückmarsch bis zur Bergstation der Imbergbahn, was aber wegen der Straßenbenutzung nicht so interessant erscheint.

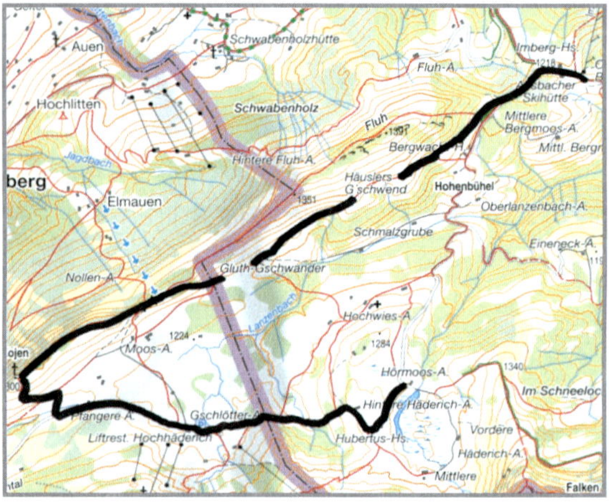

Imberg-Haus

Kategorie	unschwer
Routenverlauf	Steibis Imbergbahn Talstation – Auffahrt Alpe Glutschwanden – Kojen – Alpe Hörmoos – Bus nach Steibis
Höhenunterschied	250 m
Zeitaufwand	3 1/2 Stunden
Einkehr	Alpe Glutschwanden, Ferienhof Kojen (Schnapshütte), Liftrestaurant Hochhädrich, Alpe Hörmoos, Imberg-Haus
Auskünfte	Kurverwaltung Oberstaufen, Tel. 0 83 86/9 30 00 Außenstelle Steibis, Tel. 0 83 86/81 03 Imbergbahn, Tel. 0 83 89/84 86-81 12
Wander-Karte	Zumsteinkarte Nr. 8, »Oberstaufen«, M 1:30 000 AVA Verlag, Porschestraße 2, 87437 Kempten

Tour 57

Oberstdorf

Vom Parkplatz an der Oybelehalle führt der Weg ansteigend zur Oytalstraße hinauf. Da dieser für den allgemeinen Verkehr gesperrt ist, folgt man ihr ungeniert ins Oytal hinein. Dieses enge Tal wird vom Schattenberg-Höhenzug im Norden und den steilen Hängen von Riffen- und Hahnenkopf im Süden begrenzt. Der Blick fällt direkt auf die hohen Berge um den Schneck und je früher man am Tag aufbricht, umso einsamer wird man in diesem schönen Tal sein. Beim Oytalhaus ist vielleicht schon eine kleine Verschnaufpause angebracht. Kurz nachdem man es passiert hat, biegt rechts ein Pfad ab (Wegweiser), der durch Wald hinauf zur Unteren Lugenalpe führt. Kurz davor betritt man die Weideböden dieser Alpe. Der Weg zieht sich an der Hütte vorbei in einem Bogen steil hinauf zur Oberen Lugenalpe, die bewirtschaftet ist.

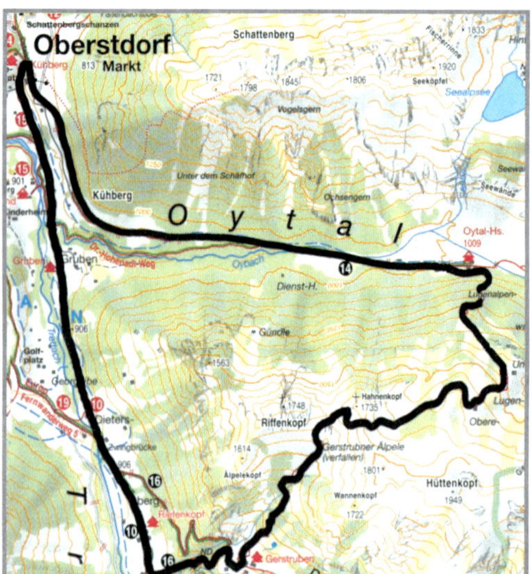

Der Weiterweg zum Hahnenkopf führt durch einen Kessel, in dem man mit etwas Glück Gemsen sehen kann. Man gelangt zu einem kleinen Sattel, von dem es unweit zum Gipfel ist. Nach seinem Besuch muß man zum Sattel zurück und steigt dann über das Gerstrube Älpele nach Gerstruben (1154 m) hinab. Sicher ist hier dann eine Pause angesagt! Der Abstieg ins Trettachtal kann über die Straße erfolgen, oder schöner durch den Hölltobel, den der Dietersbach durchrauscht. Unten folgt man dem Sträßle nach Gruben und weiter in nördlicher Richtung immer dem

Deutschlands südlichste Siedlung: Gerstruben

Flußlauf der Trettach folgend, bis der Weg bei der Mühlenbrücke am nahegelegenen Parkplatz endet.

Das Besondere dieser Tour ist die ruhige Abgeschiedenheit zwischen Oytalhaus und Gerstruben.

Kategorie	mittelschwer
Routenverlauf	Parkplatz an der Oybelehalle – Kühberg – Oytal – Oytalhaus – Untere/Obere Lugenalpe – Hahnenkopf – Gerstruben – Dietersberg – Parkplatz
Höhenunterschied	Bis Oytalhaus 200 m, weiter bis Hahnenkopf 725 m; insgesamt 925 m
Zeitaufwand	6 1/2 Stunden
Einkehr	Oytalhaus, Gasthof Gerstruben, Gasthof Gruben Aktuelle Öffnungszeiten erfragen!
Auskünfte	Kurbetriebe Oberstdorf, Tel. 0 83 22/70 00 Alpine Auskunft, Tel. 0 83 22/70 20 00 Stellwagenverkehr, Tel. 0 83 22/9 62 10 oder 48 46
Kartenmaterial	Zumsteinkarte Nr. 4, »Oberstdorf«, M 1:30 000 AVA Verlag, Porschestraße 2, 87437 Kempten

Tour 58

Oberstdorf

Ein richtiger »Allgäuer Himmelssteig« ist dieser Rundweg! Nach der Auffahrt mit der Nebelhornbahn wendet man sich in südöstlicher Richtung und wandert unterhalb des Kammes mit Zeiger und Seekopf zum Schochen. Hier, wo die Aussicht einen hervorragenden Standort hat (Blick auf Höfats!), biegt der Weg scharf nach Osten um. Er leitet den Wanderer weiterhin aussichtsreich zum Laufbachereck (2178 m), wobei man die letzte halbe Stunde steile Serpentinen zurücklegen muß. Von hier oben wird der Blick auf die andere Seite ins Obertal und Bärgündele frei und der himmelwärts strebende Schneck bannt den Blick. Es folgt ein steiler Abstieg über Serpentinen, wobei man die kleine Bergwachthütte, ein Standort für Notfälle, gut sehen kann. Zum Himmeleck (2007 m) führt der Steig nun wieder bergauf, dabei umgeht man den Schneck und betritt das Hochkar unterhalb der Wilden. Über das kleine Wildenfeldhüttchen (nicht bew.) steigt man zur Käseralpe (1400 m) ab, die bewirtschaftet ist. Der Weiterweg führt am Stuibenfall vorbei zum Talboden des Oytales, wo man kurz vor der Unteren Gutenalpe (bew.) das Prinzenkreuz passiert. Nun geht es leicht hinaus zum Oytalhaus (1004 m) und zurück zur Talstation der Nebelhornbahn. Mit etwas Glück hat ein Stellwagen am Oytalhaus noch Plätze frei. Sonderfahrten können vom Oytalhaus angefordert werden, Kostenfrage!

Eine strenge, aber sehr schöne Tagestour! Auf Grund der Höhenlage muß bis zum Beginn der Sommermonate mit Altschneeresten gerechnet werden.

Kategorie	schwierig
Routenverlauf	Parkplatz Nebelhornbahn – Auffahrt zur Station Höfatsblick – Laufbachereck – Himmeleck – Oytal – Oberstdorf
Höhenunterschied	Bergauf ca. 500 m ab Nebelhornbahn; Bergab ca. 1400 m
Zeitaufwand	Insgesamt 6 1/2 bis 7 Stunden Gehzeit
Einkehr	Käseralpe, Untere Gutenalpe, Oytalhaus Aktuelle Öffnungszeiten erfragen!
Auskünfte	Alpine Beratungsstelle, Tel. 0 83 22/70 02 00 Nebelhornbahn, Tel. 0 83 22/96 00 96 Oytalhaus, Tel. 0 83 22/47 97 Stellwagenverkehr, Tel. 0 83 22/9 62 10 oder 48 46
Wander-Karte	Zumsteinkarte Nr. 4, »Oberstdorf«, M 1:30 000 AVA Verlag, Porschestraße 2, 87437 Kempten

Tour 59

Ofterschwang

Vom Parkplatz schlägt man den Weg in südliche Richtung ein, der über das Gebiet der Buchenschwandalpe bis oberhalb von Sigiswang führt. Hier mündet er in jene Route ein, die von der Bushaltestelle in Sigiswang (bei einem einzeln stehenden Haus) heraufkommt. Man folgt nunmehr der Richtung zur Alpe Schwinggund und Kahlrückenalpe, biegt aber, bevor man letztere erreicht hat, rechts ab und steigt etwa knapp 300 Höhenmeter zur Alpe Fahnengehren (1350 m, bew.) hinauf. Der weitere Weg führt jetzt in nördliche Richtung auf das Ofterschwanger Horn (1406 m) zu, weicht aber seinem Gipfel (der unschwierig von der Ostseite erstiegen werden kann) aus und leitet den Wanderer als sog. »Panoramaweg« hinunter zum Allgäuer Berghof (1205 m, bew.). Der Name des Weges kommt nicht von ungefähr: Ständig hat man eine schöne Aussicht nicht nur ins Illertal, sondern auch auf die das Illertal begrenzenden Berge und die höheren Gipfel in südöstlicher Richtung. Der Rückweg folgt dem Wegweiser über die Sonneckhütten zurück nach Ofterschwang.

Eine empfehlenswerte Tour ohne größere Schwierigkeiten!

Blick auf Ofterschwang

Kategorie	unschwer/mittelschwer
Routenverlauf	Parkplatz Ofterschwanger-Horn-Bahn – Buchenschwandalpe – Alpe Schwinggund – Fahnengehrenalpe – Panoramaweg – Allgäuer Berghof – Parkplatz
Höhenunterschied	480 m
Zeitaufwand	3 1/2 bis 4 Stunden
Einkehr	Alpe Fahnengehren, Allgäuer Berghof Aktuelle Öffnungszeiten erfragen!
Auskünfte	Verkehrsamt Außenstelle Ofterschwang, Tel. 0 83 21/2 67 41
Wander-Karte	Zumsteinkarte Nr. 6, »Sonthofen-Immenstadt«, Maßstab 1:30 000 AVA Verlag, Porschestraße 2, 87437 Kempten

Tour 60

Pfronten

Von der Bergstation der Breitenbergbahn wendet man sich auf dem ausgeschilderten Weg zur Bergstation der Hochalpbahn. Der Weg führt parallel zur Sesselbahn. Dort steigt man über einen steileren Wegabschnitt zum Gipfel des Breitenberges (1838 m) empor, wo man nicht nur eine herrliche Aussicht hat, sondern in der Ostlerhütte auch entsprechend einkehren kann. Der Blick ins das Tal um Pfronten und auf die Bergwelt ringsum ist so bemerkenswert, dass man diese Runde einfach machen muss! Der Abstieg folgt dann dem Bergrücken nach Westen hinab ins Engetal, wobei der Weg um den Ausläufer des Breitenberges vor dem Engetalboden einen gewaltigen Bogen nach Norden beschreibt. Der Abstieg zur Fallmühle geschieht an einer Weggabelung. Würde man geradeaus weitergehen, so könnte man über den »Tiroler Stadl« (bew.) nach Pfronten absteigen und hätte einen zwar kürzeren, aber auch steileren Weg vor sich. Ansonsten wandert man von der Fallmühle (926 m) nach Überquerung der Steinacher Ach an ihrem rechten Ufer zurück nach Pfronten, wobei man an der Josemühle rechts abbiegen muss.

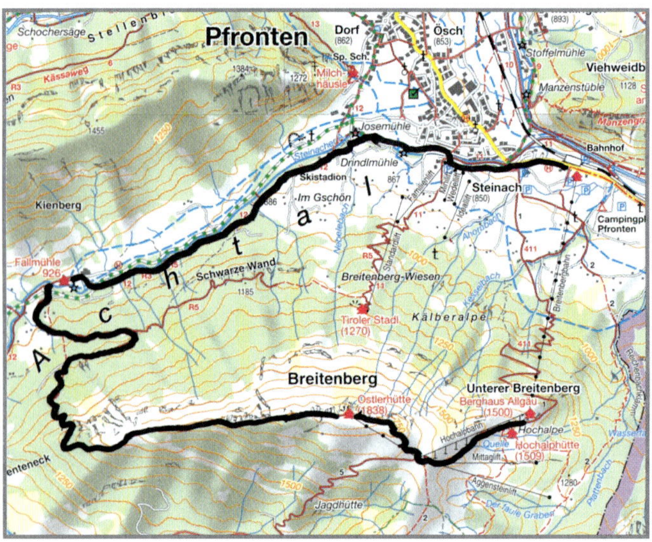

Ostlerhütte; Gipfel Breitenberg

Kategorie	mittelschwer
Routenverlauf	Pfronten Parkplatz Breitenbergbahn – Auffahrt zur Bergstation – Breitenberg Gipfel – Fallmühle – Pfronten
Höhenunterschied	Bergauf ab Bergstation: 340 m; Bergab: 970 m
Zeitaufwand	5 1/2 Stunden
Einkehr	Berghaus Allgäu, Hochalphütte, Ostlerhütte, Gasthaus Fallmühle (Do. Ruhetag), Hütten Betriebsferien wie Breitenbergbahn Aktuelle Öffnungszeiten erfragen!
Auskünfte	Kur- und Verkehrsamt Pfronten, Tel. 0 83 63/6 98 88 Breitenbergbahn, Tel. 0 83 63/58 20
Wander-Karte	Zumsteinkarte Nr. 2, »Pfronten«, M 1:30 000 AVA Verlag, Porschestraße 2, 87437 Kempten

Tour 61

Rettenberg

Von Ortsmitte Rettenberg (Maibaum) schlägt man den Weg nach Kalchenbach ein, der sich durch Wiesen abseits der Staatsstraße 2007 nach Osten zieht. In Kalchenbach biegt man auf der dortigen Straße links ab und folgt ihr bis zum Weiler Bommen. Dort wendet man sich links ab und erreicht über einen Feldweg den Weiler Hinterberg (1040 m). Vor dem Bauernhof, bei dem die Asphaltstraße endet, schlägt man nun den Weg nach Nordwesten ein und wandert etwa 200 Meter aufwärts. Bei einem Schild biegt links ein Wiesenpfad ab, der über den Gratrücken des Rottachberges, bald durch Wald und über Nagelfluhbänke zum höchsten Punkt, dem Falkenstein (1116 m), führt. Am Gipfelkreuz hat man eine der schönsten Aussichten auf das Bergstättgebiet bei Immenstadt und vor allem auf das Illertal, das man bis Kempten verfolgen kann. Auch die Nagelfluhketten im Westen bieten von hier oben einen sehenswerten Anblick. Der Abstieg führt jetzt westlich in eine Wiesensenke hinab und jenseits ein Stück empor. Nach der Stelle, an der ein kleines Sicherungsseil hängt, folgt man dem Pfad an der Hangkante geradeaus und kommt durch

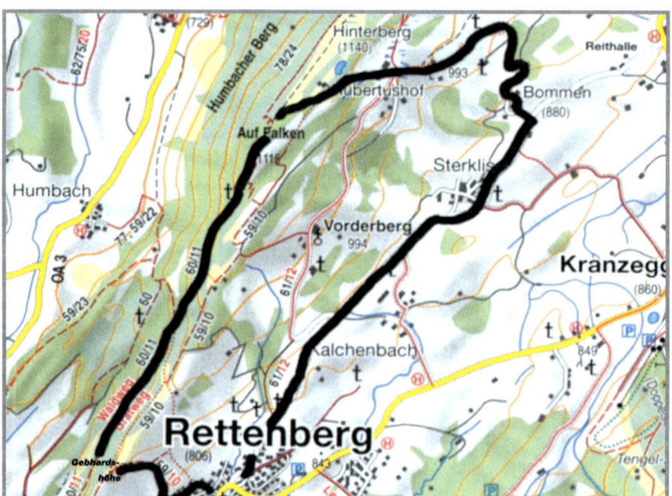

Das Brauereidorf Rettenberg

Wald und später über Weideflächen zu dem wegen seiner Aussicht bekannten »Pavillon«. Von hier nach Rettenberg hinab sind es nur wenige Minuten.

Kategorie	unschwer
Routenverlauf	Rettenberg – Kalchenbach – Sterklis – Bommen – Hinterberg – Falkenstein – Gebhardshöhe – Rettenberg
Höhenunterschied	300 m
Zeitaufwand	3 Stunden
Einkehr	Gasthöfe »Adler«, »Engel« und »Jägerwinkl« in Rettenberg; Aktuelle Öffnungszeiten erfragen!
Auskünfte	Gäste- und Sportamt Rettenberg, Tel. 0 83 27/9 30 40
Wander-Karte	Zumsteinkarte Nr. 6, »Sonthofen-Immenstadt«, Maßstab 1:30 000 AVA Verlag, Porschestraße 2, 87437 Kempten

Tour 62

Scheidegg

Zwischen der Pfarrkirche St. Gallus und dem Höhenweg gibt es einen Parkplatz. Von hier wendet man sich östlich und besteigt den Blasenberg, der eine besonders schöne Aussicht hat (Fünfländerblick). Den Anstieg wieder zur Straße zurückkehrend schlägt man den Weg nach Buflingsried ein, das östlich von Scheidegg liegt. Hier trifft man auf den Großen Kapellenweg/ Kneipprundwanderweg, ihnen folgt man in südwestlicher Richtung. In Böserscheidegg lohnt der Besuch der Katharina- und Antonius-Kapelle. Die Route führt weiter nach Schalkenried, hier gibt es die Martinakapelle zu besichtigen. Hinter Ablers trennen sich Kapellen- und Kneipprundwanderweg, man folgt letzterem und kommt nach Forst (Einkehr). Sehenswert ist hier die ökumenische Hubertuskapelle. Nun folgt eine große Schleife, wieder auf dem Großen

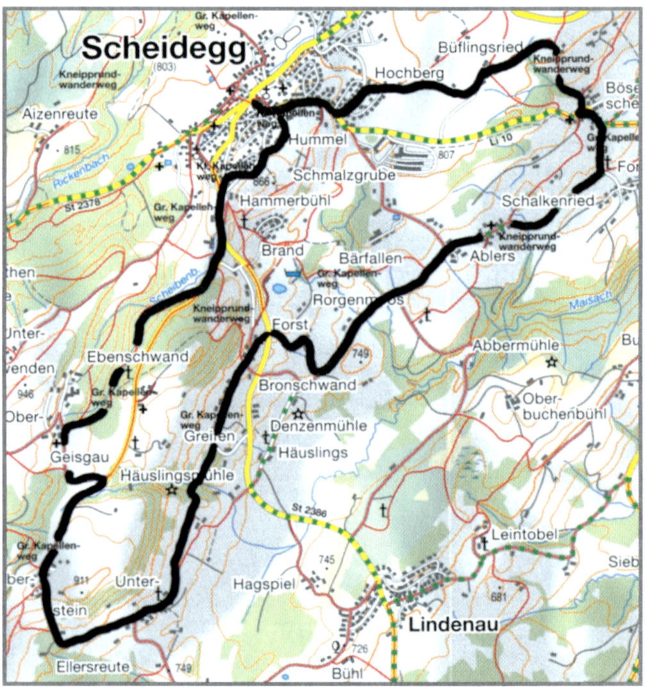

Bei Scheidegg

Kapellenweg, in südliche Richtung nach Unter- und Oberstein und über Gaisgau zurück bis Ebenschwand (Herz-Jesu-Kapelle). Nördlich haltend wird wieder Scheidegg erreicht, wobei man rechts über den Kleinen Kapellenweg noch den Kreuzberg (866 m) mit seiner Aussicht und dem schönen Kreuz besuchen kann. Über den Höhenweg gelangt man dann zurück zum Ausgangspunkt.

Kategorie	unschwer
Routenverlauf	Scheidegg – Buflingsried – Böserscheidegg – Ablers – Forst – Unterstein – Ebenschwand – Scheidegg
Höhenunterschied	Ca. 180 m
Zeitaufwand	4 1/2 bis 5 Std. (ca. 14,5 km)
Einkehr	Böserscheidegg, Forst, Scheidegg Aktuelle Öffnungszeiten erfragen!
Auskünfte	Kurverwaltung Scheidegg, Tel. 0 83 81/8 95 55
Wander-Karten	Zumsteinkarte Nr. 8, »Oberstaufen«, M 1:35 000 AVA Verlag, Porschestraße 2, 87437 Kempten oder »Wege für Leib und Seele«, zu beziehen bei der Kurverwaltung, Rathausplatz 4, 88175 Scheidegg i. A.

Tour 63

Schwangau

Die aufgeführte Route ist bekannt unter der Bezeichnung »Große Bleckenaurunde«. Von der Bergstation führt der Naturlehrpfad »Ahornreitweg« hinüber zum Branderfleck. Mächtig baut sich die Ahornspitze (1780 m) nun vor einem auf. Man umgeht sie westlich, wobei der Gipfel durchaus als Abstecher noch mitgenommen werden kann. (Umweg ca. 1 Std.). Dann folgt man dem Weg zum Niederen Straußbergsattel (1616 m) und steigt in das Tal des Köllebaches hinab. Über die Weideflächen des Ochsensängerles kommt man zur Alpe Jägerhütte, die von Juni bis September bewirtschaftet ist. Sie liegt an einem Wanderknotenpunkt, denn von ihr aus kann man gen Osten in den Ammerwald ab- oder zum Ochsenälpeleskopf und Kreuzkopf aufsteigen. Die vorgeschlagene Route aber wendet sich westlich und folgt dem für Kfz gesperrten Alpweg hinunter in die Bleckenau (1167 m). Auch hier ist Einkehr möglich. Wer sich den weiteren Abstieg sparen will, kann mit einem Bus ins Tal zurückkehren. Ansonsten führt unser Weg entweder auf der Fahrstraße oder daneben auf dem Brunnenstubenweg nach Hohenschwangau zurück. Dabei gibt es die Gelegenheit Schloss Neuschwanstein von der Marienbrücke aus zu sehen. Der Rückweg zur Talstation der Tegelbergbahn ist einfach zu finden.

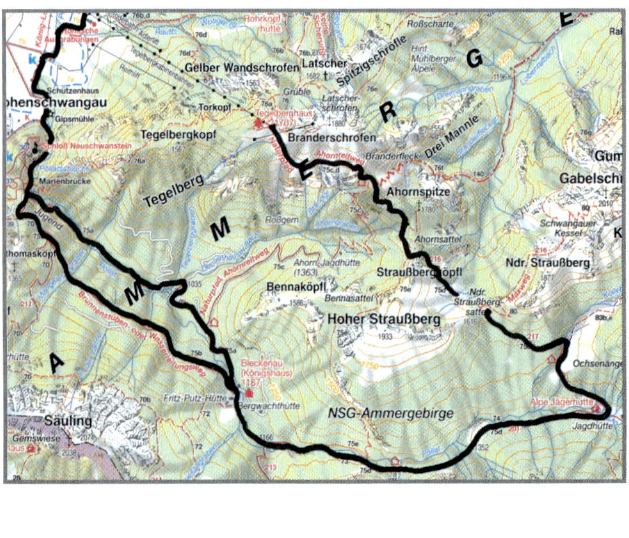

Schloss Hohenschwangau

Kategorie	mittelschwer
Routenverlauf	Schwangau Parkplatz Tegelbergbahn – Auffahrt zur Bergstation – Branderfleck – Ahornspitze – Niederer Straußbergsattel – Ochsenängerle – Alpe Jägerhütte – – Bleckenau – Parkplatz
Höhenunterschied	Bergauf nicht nennenswert, bergab ca. 950 m
Zeitaufwand	5 Stunden
Einkehr	Tegelberghaus, Alpe Jägerhütte, Bleckenau Aktuelle Öffnungszeiten erfragen!
Auskünfte	Kurverwaltung Schwangau, Tel. 0 83 62/8 19 80 Tegelbergbahn, Tel. 0 83 62/9 83 60
Wander-Karte	Zumsteinkarte Nr. 1, »Schwangau«, M 1:30 000 AVA Verlag, Porschestraße 2, 87437 Kempten

Sonthofen

Vom kleinen Parkplatz in Imberg wendet man sich nach Südosten und wandert auf dem Alpweg durch die Weideflächen des westlichen Strausberggebietes aufwärts. In einem Bogen geht es um den Bärmbichel südlich herum, bis weiter oben eine Wegegabelung erreicht wird. Geradeaus kommt man zur Strausberghütte (1211 m, bew.).

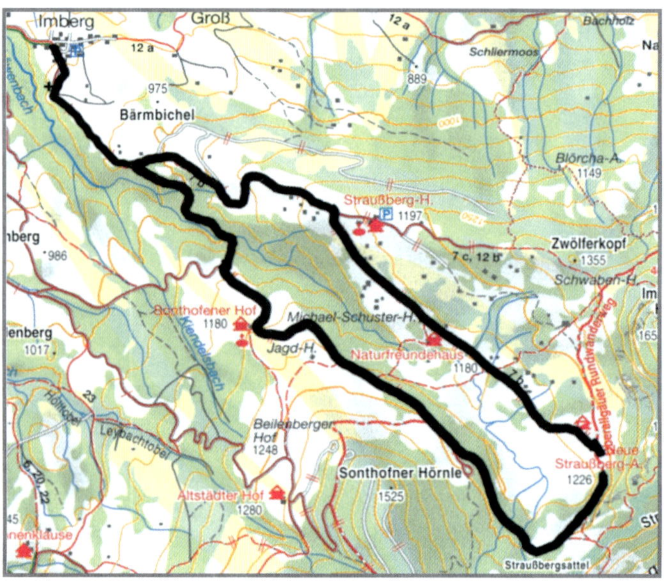

Man biegt aber rechts ab und sieht bald das Naturfreundehaus (1200 m, teilw. bew.). Von ihr steigt man noch weiter in den Strausbergsattel, wo man sich rechts wendet und über einen markierten Weg nordwestlich zur Alpe Sonthofer Hof (1180 m, bew.) wandert. Der Weg ist einfach zu laufen. Beim weiteren Abstieg von dieser Alpe über den Alpweg muss man darauf achten, dass man vor der ersten größeren Linkskurve den Abzweig nach rechts nicht übersieht. Er führt in das Gebiet des Löwenbachtobels, quert ihn und verläßt ihn auf der Nordseite wieder, um auf die Straße Imberg-Strausberg zu treffen. Ihr folgt man nach Imberg zurück.

Kategorie	unschwer/mittelschwer
Routenverlauf	Imberg – Strausberg – Alpe Sonthofer Hof – Löwenbachtobel – Imberg
Höhenunterschied	400 m
Zeitaufwand	3 1/2 Stunden
Einkehr	Gh. »Sonne« Imberg, Naturfreundehaus, Neue Strausbergalpe, Alpe Sonthofer Hof Aktuelle Öffnungszeiten erfragen!
Auskünfte	Gästeamt Sonthofen, Tel. 0 83 21/61 52 91
Wander-Karte	Zumsteinkarte Nr. 6, »Sonthofen«, M 1:30 000 AVA Verlag, Porschestraße 2, 87437 Kempten

Tannheimer Tal

Man fährt mit der Tannheimer Gondelbahn aufs Neunerköpfle (1862 m, Gundhütte bew.) hinauf und wendet sich dort in südlicher Richtung um das Vogelhörnle herum. Der Weg Nr. 31 zielt auf die Strindenscharte unterhalb der Sulzspitze. Nach halber Distanz biegt nach links der Weg Nr. 30 ab, dem man folgt. Die bald erreichte Obere Strindenalpe (1650 m, bew.) kann zu einer Einkehr besucht werden. Von ihr folgt man nun entweder dem Fahrweg ins Strindenbachtal hinab, oder einer Abkürzung (Weg Nr. 421 a), die steiler ist. Eine weitere Einkehr verspricht etwas später die Edenbachalpe (1405 m, bew.). Der Weiterweg nach Haldensee kann wiederum entweder auf dem Fahrweg geschehen, oder über eine Abkürzung bei der Brücke über den Lanzetalbach. Wer in Haldensee nicht einkehren will, der folgt gleich dem südlich des Ortes durchführenden Weg und gelangt in einem weiten Bogen nördlich um das Neunerköpfle herum nach Tannheim zurück.

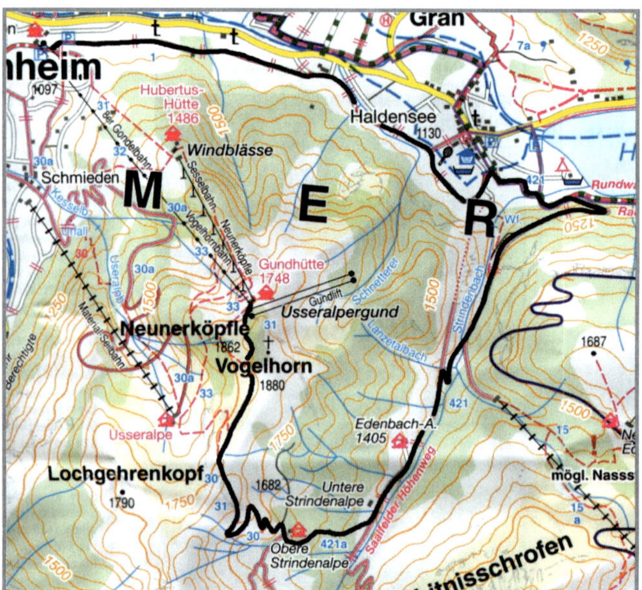

Blick auf Tannheim mit Vogelhorn-Bahn

Kategorie	unschwer
Routenverlauf	Tannheim – Neunerköpfle – Obere Strindenalpe – Haldensee – Tannheim
Höhenunterschied	Ab Bergstation Neunerköpfle unwesentlich bergauf, bergab 780 m
Zeitaufwand	3 1/2 bis 4 Stunden
Einkehr	Gundhütte, Obere Strindenalpe, Edenbachalpe, Haldensee; Aktuelle Öffnungszeiten erfragen!
Auskünfte	Tourismusgemeinschaft Tannheimer Tal, Tel. 00 43 56 75/6 25 30 Neunerköpfle Bahn, Tel. 00 43 56 75/62 60
Wander-Karte	Zumsteinkarte Nr. 7, »Tannheimer Tal«, M 1:25 000 AVA Verlag, Porschestraße 2, 87437 Kempten

Tour 66

Tannheimer Tal

Vom Parkplatz westlich von Tannheim wendet man sich zu den neuen Häusern von Kienzen und steigt durch das Älpeletal südlich zum Älpele hinauf (1529 m, bew.). Bis hierher führt ein für den allgemeinen Verkehr gesperrter Fahrweg. Vom Älpele folgt man dem Weg Nr. 59 weiter und steigt im Schatten des Schnurschrofens auf das mächtige Geißhorn zu, biegt aber bei 1750 m Höhe nach links ab und gelangt in das Gebiet der Feldalpe. Sehr eindrucksvoll ist aus dieser Nähe der felsige Gipfelaufbau des Geißhornes (2249 m), der nicht einfach zu bezwingen wäre. Von der Feldalpe geht es jetzt östlich hinab zum Vilsalpsee, den man an seiner Nordseite erreicht. Hier kann man nicht nur einkehren, sondern auch Ruderboot fahren oder um den See herumwandern. Dabei ist am südlichen Ende noch einmal Gelegenheit in der Vilsalpe (1170 m, bew.) einzukehren. Nun wird man sich auch überlegen, ob man nach Tannheim zurück laufen oder mit dem Bus fahren möchte. Zwischen 10 und 17 Uhr ist die Anfahrt zum Vilsalpsee für PKW gesperrt.

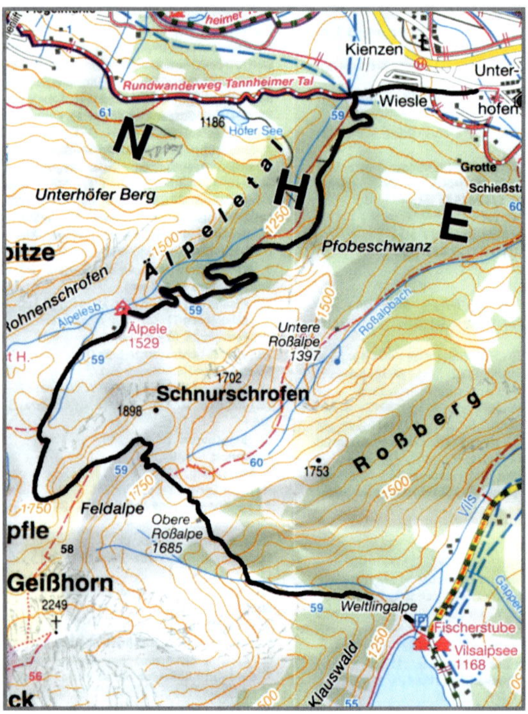

Kienzen mit dem Geißhorn

Kategorie	mittelschwer
Routenverlauf	Tannheim – Älpele – Feldalpe – Vilsalpsee – Bus nach Tannheim
Höhenunterschied	720 m
Zeitaufwand	4 1/2 Stunden bis Vilsalpsee
Einkehr	Alpe Älpele, Gasthaus Vilsalpsee, Fischerstube Aktuelle Öffnungszeiten erfragen!
Auskünfte	Tourismusgemeinschaft Tannheimer Tal, Tel. 00 43 56 75/6 25 30
Wander-Karte	Zumsteinkarte Nr. 7, »Tannheimer Tal«, M 1:25 000 AVA Verlag, Porschestraße 2, 87437 Kempten

Tour 67

Wertach

Der Parkplatz liegt westlich von Wertach neben der Straße Richtung Immenstadt in 1000 m Höhe (auch Bushalt). Von hier wandert man eine weite Strecke, die viel durch Wald verläuft, denn das Wertacher Hörnle, auf das man zugeht, gehört mit seinen nördlichen und westlichen Hängen noch zu den waldreichsten Gebieten dieser Gegend. Nachdem die Alpstraße aber für den öffentlichen Verkehr gesperrt ist, wandert man ungeniert. Hat man Kinder dabei (vielleicht nicht unter 10 Jahren!), so muss man sich unterwegs hin und wieder etwas ausdenken, um ihren Ehrgeiz weiterhin anzustacheln. Die Alpe Schnitzlertal (1440 m, bew.) ist die einzige Einkehrstation dieses Rundwegs. Von ihr zum Gipfel des Wertacher Hörnles (1695 m) sind es 30 bis 40 Minuten. Der Aufstieg lohnt auf jeden Fall, da die Aussicht in die Berge im Süden und Osten bemerkenswert ist. Auch der Blick Richtung Grünten offenbart so manche interessante Stelle. Danach steigt man zur Alpe Schnitzlertal zurück, folgt dort aber dem Weg über die Kalbel Alpe (evtl. den Hirten fragen!) hinunter, der kurz vor der Einmündung der Wertacher Starzlach in den Schwellbach wieder auf den Hinweg trifft. Zurück zum Parkplatz ist es jetzt nicht mehr weit.

Wertach – Blick in Richtung Grünten

Kategorie	mittelschwer
Routenverlauf	Parkplatz am Königssträßle – Alpe Schnitzlertal – Wertacher Hörnle – Kalbel Alpe – Parkplatz
Höhenunterschied	690 m
Zeitaufwand	4 1/2 bis 5 Stunden
Einkehr	Alpe Schnitzlertal Aktuelle Öffnungszeiten erfragen!
Auskünfte	Touristikinformation Wertach, Tel. 0 83 65/2 66
Wander-Karte	Zumsteinkarte Nr. 2w, »Wertach«, M 1:30 000 AVA Verlag, Porschestraße 2, 87437 Kempten

Impressum

Herausgeber	AVA Verlag Allgäu GmbH Postfach 31 53 87440 Kempten/Allgäu Telefon 0831/57142-0, Telefax 0831/79008
Redaktion/Texte/Fotos	Dr. Peter Nowotny
Titelbild	Dr. Peter Nowotny
Foto Seite 125	Dieter Buck
Kartenskizzen	wurden ausschließlich aus AVA-Zumstein-Wanderkarten entnommen
Satz + Litho	AVA-Verlag Allgäu GmbH Porschestraße 2 87437 Kempten/Allgäu
Layout	Ulrike Wonka
Herstellung	KKW-Druck GmbH Heisinger Straße 17 87437 Kempten/Allgäu
ISBN-Nummer	3-936208-69-7

Die Ausarbeitung aller in diesem Führer beschriebenen Touren erfolgte nach bestem Wissen und Gewissen des Autors. Die Benützung des Führers geschieht auf eigene Gefahr. Soweit gesetzlich zulässig, wird keine Haftung für etwaige Unfälle und Schäden jeder Art aus einem Rechtsgrund übernommen.